AN ANTHOLOGY OF
FRENCH SCIENTIFIC PROSE

AN ANTHOLOGY OF
FRENCH
SCIENTIFIC PROSE

EDITED BY
JOHN DUNMORE

HUTCHINSON EDUCATIONAL

HUTCHINSON EDUCATIONAL LTD
3 Fitzroy Square, London W1

London Melbourne Sydney Auckland
Wellington Johannesburg Cape Town
and agencies throughout the world

First published 1973

uc

*This book has been set in Bembo type and printed in Great Britain
on antique wove paper by Anchor Press, Tiptree, Essex*

ISBN 0 09 112330 5 (cased)
0 09 112331 3 (paper)

CONTENTS

PREFACE

The aim of this reader is firstly to provide science students with appropriate extracts for translation and comprehension. To this is added the bonus of a historical survey of France's contribution to science: instead of passages which merely comment on a scientist and his work, students have here the actual writings of men of science, arranged in a chronological order, with a brief introduction and notes. Furthermore, the reader should appeal to other groups of students, whose main concern is to improve their knowledge of French and French civilisation: these, it is hoped, may find windows opening on scientific issues of which they might otherwise have remained only superficially aware.

The selection avoids the over-specialised or essentially technical paper, so that it can be used by a far wider range of students than might otherwise be the case. It may therefore assist those who are concerned about the growing gap between scientists and non-scientists by providing topics for discussion or analysis—for this reason, a brief list of books suitable for further reading has been appended—and an insight into the history and scientific development of another nation. Co-operation between teachers, between science and language departments, with if need be a contribution from historians and philosophers, would be most fruitful, since not all teachers of French have an adequate background of science and not every science teacher is equipped to guide his students through the shoals and rip tides of a foreign language. Each extract is keyed with one, two or three asterisks to indicate the level of difficulty from simple to advanced; this refers to the linguistic difficulty, not to the scientific content which in each case is only of average difficulty. Occasionally, an extract has been simplified, but this editing has been carried out with caution and has been done usually to eliminate an archaic construction or spelling in the work of an earlier author. Any anthology, of course, represents a personal choice and a different compiler would have included extracts that are not found here and omitted some that are; but one also has to face the occasional problem of finding easy yet significant passages from the writings of a scientist who has no real gift for words—not every man of science is a good stylist and the average student has enough to do translating a passage into English without having to dissect a prose that has been indifferently put together.

My thanks are due to Miss A. J. Claridge of the New Zealand National Library, to Miss L. Marsden of Massey University Library, and to the French Cultural Services, Wellington, for assistance in tracking down some of the more elusive extracts and illustrations. Permission to reprint copyright material is also gratefully acknowledged from the following:

Centre National de la Recherche Scientifique for the extracts from Paul Langevin's *Oeuvres Scientifiques* (1950); Presses Universitaires de France for the extracts from Jean Perrin's *Les Atomes* (1948); Editions Seghers for the extract 'Radium and Radioactivity' from Marie Curie's Nobel speech of 1911, and for the photograph of the Curie notebooks which appeared originally in *Les Curie et la radioactivité* (Ed. Eugénie Cotton, 1963); Editions Denoel for the extract on the Curie notebooks; Editions Gallimard for the extract 'The Physiological Effects of Radium' from Eve Curie's *Madame Curie* (1938); Editions Sociales for 'The Size of the Atom' and 'The Transmutations of Elements' from Frédéric Joliot-Curie's *Textes Choisis* (1959); Union Générale d'Editions for the extract from Jean Rostand's *Aux Frontières du surhumain* (1962), and for the extract from Teilhard de Chardin's *La Place de l'homme dans la nature* (1956).

INTRODUCTION

Modern science often seems to have emerged out of the gloom and ignorance of the Middle Ages. It is true that mediaeval man accepted many ideas that could not be substantiated or which a series of unbiased observations could have disproved. Yet it would be wrong to view his age as one of utter stagnation. The earlier period was greatly troubled politically and only the monasteries seemed able to keep the flame of learning alive. Then a long-drawn-out controversy developed between Platonists and Aristotelians on the reality of universals—was reality to be found in the class, the universal, the idea; or did individuals represent reality and were universals merely a concept? This philosophical contest, marked by no clear-cut victory, reflected a growing and usually stifling preoccupation with ideas and systems. But a desire for knowledge and discussion was apparent. The University of Paris came into being in the twelfth century, as did colleges at Montpellier and Toulouse. Alchemy, which was essentially the pursuit of a formula that would turn base metal into gold, gave rise to useful experimentation—it led Arnold of Villanova to discover oil of turpentine and the use of alcohol as a solvent; astrology similarly led to the invention of the astrolabe, while Gerson daringly foreshadowed Copernicus's heliocentric world.

But research and speculation continued to struggle under the weight of scholastic authority and all too often lost themselves in the semi-mystic by-ways of numerology and alchemy. What was needed was a challenge to established authorities and the destruction of the rigid framework of scholastic thought. Discussion could not flourish as long as the conclusions remained predetermined, nor investigation proceed in an environment where what had become unquestioningly accepted by earlier generations became, *ipso facto*, evidence. When passive acceptance has been substituted for proof, it is necessary to shake the very foundations of belief.

An early French challenger of scholastic authority was François Rabelais (circa 1495–1553) who, as a monk, was sufficiently aware of the risks he ran to conceal his opinions behind a façade of fiction and ribaldry. He was more of a philosopher and an educationalist, like the essayist Montaigne, than a man of science, but his attack was directed at the heart of the problem—the need to free the very processes of thought. If we seek a practical scientist challenging the past, we need to look at someone like Ambroise Paré who, dissatisfied with traditional remedies, experimented with the treatment of wounds on the battlefield, but it is significant that he was largely self-trained and that the medical profession was bitterly opposed to him.

In René Descartes (1596–1650), France discovered a philosopher who established the foundations of modern scientific method. The four basic rules of his *Discours de la Méthode*, obvious as they may seem in our day and ignored or misapplied in his, were hailed by many for their lucidity and revolutionary simplicity. They were: never to accept anything as true that could not be proved to be so by evidence or experiment; to reject arbitrary systems and break problems down into smaller ones so that each might be solved separately; to proceed from the simple to the compound; and to omit no part or sequence from his reasoning. These 'long chains of reason, simple and easy, which geometers customarily use' attracted a younger mathematical genius, Blaise Pascal, for whom geometry expressed simply and in a straightforward manner what was meant by scientific method. His demonstration of the existence of atmospheric pressure—it was previously held that Nature 'abhorred a vacuum' —is but one of the scientific advances we owe to him.

The new scientific spirit led to the formation of learned societies in many parts of Europe: the Lincei in Rome in 1603, the Cimento in Florence in 1648, the Leopoldino-Carolina in Erfurt in 1652, Boyle's Philosophical Society in Oxford in 1662, the year the Académie des Sciences was founded in Paris by Louvois. The protection enjoyed by these societies from enlightened rulers or patrons, the very fact that they brought together scientists from the same locality, fostered a spirit of nationalism, which was further strengthened by the downfall of Latin as the international language and the usual form of communication between learned men. Although Newton still used Latin for his *Principia Mathematica* as Harvey did for his *De Motu Cordis*, by the mid-seventeenth century most French and English men of science wrote in their own language. The Italians and the Germans did not foresake Latin until the eighteenth century, but the trend was unmistakable and irreversible.

As a consequence, translation began to assume importance. In 1666 the *Journal des Savants* devoted ten pages to Robert Hooke's *Micrographia* because 'it is written in a language few people can understand'—namely English. Abstracts also made their appearance: the *Philosophical Transactions* supplied abstracts in English of foreign papers as well as fuller translations.

Wars added to the difficulties, on the one hand slowing down, when not completely interrupting the flow of information; on the other encouraging a chauvinistic attitude which sometimes led scientists to downgrade the discoveries of their enemies. This latter attitude, however, became more marked in the late eighteenth century—and even then many scientists continued to recognise the need to maintain their former international links, resorting to various subterfuges to exchange not merely views but even natural history specimens across warring frontiers.

Possibly one of the advantages of local or national societies in an age when scientific congresses **were impracticable** was that they helped to foster doubt and empiricism. The scientific publications which began to appear in Europe in the seventeenth century acted as collecting agents for all kinds of reports, many of them incredible: even the normally staid *Philosophical Transactions* and its equally solemn counterpart the *Journal des Savants* included discussions on the case of a child born with the head of an ape or of the Lithuanian bishop who grew a gold tooth, but the tendency was to temper the effects of these reports with cautionary comments. When the Académie des Sciences learnt of what Leeuwenhoek claimed to have seen through his microscope, it considered it so unlikely that it proceeded to repeat the observations—with success. Réaumur, on the other hand, disproved the theories of Athanase Kircher by sowing powdered earthworm, doing so rather shame-facedly because he thought the claims absurd but 'I had to be fully entitled to state that [they] were false'.

Interest in the sciences spread beyond the world of the savants. Fontenelle, a man of letters and a popular figure in the literary 'salons' of the early eighteenth century, helped to make science fashionable. A new educated man, in whom scientific curiosity and a desire for a better social system were merged, now made his appearance: this was the 'philosophe'. Montesquieu, Voltaire, d'Alembert, admittedly literary men more than scientists, were joined by men of science as anxious as they were to publicise the new discoveries and the new philosophies. Voltaire wrote *Eléments de la philosophie de Newton* (1738), a masterly work of popularisation; the Académie des Sciences despatched an expedition to prove Newton's claim that the globe is flattened at the poles; and the mathematician Maupertuis, who took part in it, was lionised on his return. The abstract sciences developed rapidly under the impetus of d'Alembert, Lagrange and Monge, while Charles Coulomb (1736–1806) carried out significant experiments on electricity and Lavoisier laid the foundations of modern chemistry.

The thirst for knowledge among the educated public of the eighteenth century gave rise to large-scale systematic studies, typified by the appearance of numerous encyclopaedias (e.g. the *Encyclopaedia Britannica* in England in 1768). Buffon's ambition to write a *Histoire complète et naturelle de la Nature* was typical of his age. It was however the *Encyclopédie*, originally intended as a translation of Chamber's *Cyclopaedia or Universal Dictionary of the Arts and Sciences*, which had the greatest repercussions. This mighty enterprise brought together such outstanding minds as Diderot, d'Alembert, Helvetius, Holbach and Condillac and, turned into a vehicle of propaganda against obscurantism and the political establishment, played a significant role in the downfall of the Ancien Régime.

In the applied sciences, France could boast of Denis Papin's steam pump, of Nicolas Cugnot's steam-driven road wagon, and of the Montgolfier brothers' balloon which made possible Pilâtre de Rozier's pioneering ascent of 1783, all foreshadowing the industrial and technological revolution which France stood poised to join but which the Revolutionary and Napoleonic wars were to slow down. The Revolution was in itself a consequence of the philosophical and scientific changes which had taken place during the eighteenth century. Once Newton had developed a system which linked the earth and the laws of physics in one coherent system—in other words, once he had established the supremacy of Copernicus—attention turned from the world to man himself. As a by-product and in spite of the broad range of interests of the 'philosophes', the eighteenth century witnessed the separation of the speculative sciences from the physical. The former was to continue along the highway of philosophy and the social sciences, the latter to explode into the rich aftermath of the Industrial Revolution.

The fall of the Ancien Régime—apart from the interregnum of the Terror which cost Lavoisier his life—did not interrupt the advance of science. Far from it, it removed the obstacles represented by tradition: the Church which had so often fought a rearguard action against ideas which it felt threatened its dogmas, the traditionalists entrenched in the Académie des Sciences or the faculties of medicine. Although their disappearance was little more than symbolical, the Académie des Sciences was suppressed in 1793 and the *Journal des Savants* ceased publication a year later; when they reappeared under a new guise, new men and new ideas controlled them. Napoleon I took scientists under his protection, sending a number of them on expedition overseas, and gave techno-logy further momentum, while the introduction of the metric system in 1801 simplified the work of physicists and chemists.

With the dawn of the nineteenth century, electricity assumed growing importance—Ampère's work on electromagnetism dates from 1820—the telegraph was introduced in 1844, enabling Le Verrier to put forward his proposal for the forecasting of storms; photography arose out of Niepce's work of 1824 and Daguerre's of 1839. But greater advances occurred in the biological sciences. Claude Bernard laid down the rules of experimental medicine, while Pasteur identified bacterial action—from his work derive bacteriology, curative and preventive inoculation against virus diseases and the introduction of antiseptic and aseptic methods into surgery. Linked to the science of life was the problem of evolution: Pasteur's work routed the upholders of the theory of spontaneous generation: this, combined with the ideas, fumbling though they were, of Buffon, Lamarck, Cuvier and Geoffroy Saint-Hilaire, led to the wide acceptance of Darwin's *Origin of Species*. In three hundred years the focus had moved from the cosmos to man in society to man as part of nature. Teilhard de Chardin, a century later, was to attempt to carry the evolutionary theory a stage further, to man as a social unit, and attempt a complete synthesis of man, society and the physical world. But towards the end of the nineteenth century, physicists embarked on a series of experiments which within a few decades were to bring man and his world to the edge of destruction.

Perrin's work on cathode rays, Langevin's on X-rays, Broglie's on electrons, Becquerel and the Curies' work on radioactivity, raised new questions on matter itself, presenting a totally new concept of the material world and creating nuclear physics with all its benefits and its dangers. And while the 'pure' scientists continued their work in areas of growing complexity and specialisation, French researchers applied their knowledge in allied fields. Thus Clement Ader whose heavier-than-air machine succeeded in lifting off in 1890 and flying a distance of 300 yards in 1897, six years before the Wright Brothers; thus Louis Lumière who projected the first moving pictures in 1895. The industrial and scientific advances which France has made since the Second World War make it clear that her contribution to scientific knowledge and technology will continue to be significant.

FRENCH NOBEL PRIZE WINNERS

1903	Henri Becquerel Pierre Curie Marie Curie (*born in Poland*)	Physics: discovery of the radioactive elements of radium and polonium
1906	Henri Moissan	Chemistry: isolation of fluorine and invention of the Moissan furnace
1907	Charles Laveran	Physiology/medicine: protozoans as irritants of disease
1908	Gabriel Lippmann	Physics: photographic reproduction of colours
1911	Marie Curie	Chemistry: discovery of the basic elements of radium and polonium, isolation of radium in metallic condition
1912	Victor Grignard	Chemistry: discovery of the Grignard reaction
	Paul Sabatier	Chemistry: hydration of organic combinations in the presence of finely divided metals
	Alexis Carrel	Physiology/Medicine: vascular seams and organ and blood transplantation
1913	Charles Richet	Physiology/Medicine: anaphylactic test
1920	Charles-Edouard Guillaume (*born in Switzerland*)	Physics: work on nickel–steel alloys
1926	Jean Perrin	Physics: discovery of the equilibrium of sedimentation
1928	Charles Nicolle	Physiology/Medicine: work on typhus exanthematicus
1929	Louis-Victor de Broglie	Physics: wave nature of electrons
1935	Frédéric Joliot Irène Joliot-Curie	Chemistry: artificial production of radioactive elements

1965	François Jacob André Lwoff Jacques Monod	Physiology/Medicine: regulatory activities of body cells
1966	Alfred Kastler	Physics: optical methods for studying Hertzian resonances in atoms
1970	Louis Néel	Physics: research into antiferromagnetism and ferromagnetism

INDEX OF NAMES

INDEX OF SUBJECTS

B

PARÉ

Ambroise Paré (circa 1510–90) was apprenticed to the Count of Laval's barber who, as was the custom at the time, was also a surgeon. Paré later joined his brother in Paris and studied or worked at the Hôtel-Dieu near Notre-Dame. In 1536, he was invited by the Seigneur de Montegan to accompany him to the Italian wars as his personal surgeon. There Paré discovered a new method of healing arquebus wounds which were then being treated by the application of boiling oil and cauterisation: being out of oil, he used a soothing mixture of egg yolk, oil of roses and turpentine. This proved so effective that, after further tests, he gave up the traditional treatment. After taking part in two more campaigns, he wrote his *Méthode de traiter les plaies faites par arquebuses et autres bâtons à feu*, published in 1575. A chorus of criticism on the part of the medical profession was silenced when Paré cured the duc de Guise who had been severely wounded in the face; the illustrious patient, thenceforth known as François le Balafré (lit. Scarface), proved both a walking testimonial and a powerful protector. His next discovery was the ligature of blood vessels in amputations, a more effective and humane method than cauterisation which he described as 'une chose très horrible et cruelle'. Paré became royal surgeon in 1552. Officially, he was still only a barber; at the king's request, he was granted a degree in spite of his scant knowledge of Latin. This did not reconcile his enemies who, when his collected works appeared in 1575, had him condemned as *impudentissimus* and the book sentenced to be burnt by the public executioner. Once more, the king intervened and the old man was not troubled again. There were four editions within ten years, including a Latin translation for foreign readers.

The passage which follows contains an attack against superstition; what is particularly interesting is the picture it gives of the scientist struggling against traditions and beliefs he knows to be absurd, while taking good care not to offend against religious beliefs.

On charlatans and impostors

*** Il s'est trouvé une imposture on Allemagne, c'est qu'ils prennent une pierre nommée *Beinbruch*, qu'ils pulvérisent, en donnent à boire à celui qui aura quelque partie rompue ou luxée et maintiennent qu'elle a puissance de guérir de telles dispositions. Il y en a encore d'autres en Allemagne qui prennent une épée ou dague, ou autre tel instrument qui aura blessé le malade, et l'ayant accommodée comme celui qui est blessé,[1] la pansent et y appliquent les médicaments applicables à la propre plaie, laissant le malade sans y faire aucune chose et la plaie se guérit, ce disent-ils.[2]

Mais est-il vraisemblable qu'une chose inanimée puisse recevoir aide d'aucun médicament et est-il possible qu'un malade en reçoive quelque effet? Je laisse telle imposture au jugement des idiots, tant aient-ils peu d'esprit.[3] Pour moi, telles choses me sont incroyables et, même si je le voyais de mes yeux, je croirais plutôt que ce serait une vraie magie et imposture.

Les sorciers, enchanteurs, magiciens, charmeurs, empoisonneurs, exorciseurs, se vantent de guérir plusieurs maladies, ce qu'ils font par les machinations, fraudes, erreurs, ruses et puissance des diables, à savoir par paroles,[4] charmes, caractères, billets pendus au cou ou aux poignets, par anneaux, images, onguents, poudres et autres semblables rêveries infernales; et gâtent au préjudice de la vie des hommes la loi sacrée de la Médecine, la plus ancienne et nécessaire de toutes les autres sciences. Les magistrats doivent les chasser de leur République. Ils étaient non seulement chassés, mais punis par l'édit de Moïse: 'Vous n'endurerez point vivre les empoisonneurs'.[5] Je ne veux pas ici réciter les guérisons miraculeuses du fils de Dieu Jésus-Christ et de ses saints apôtres; car nul chrétien n'en doit douter, attendu que[6] les Saintes Écritures en sont pleines, comme faire voir les aveugles, marcher les paralytiques, rendre les femmes stériles fécondes, ressusciter les morts et une infinité d'autres choses supernaturelles et miraculeuses, qui se faisaient par la vertu du Saint-Esprit.

On the unicorn

It was widely believed that the horn of a unicorn possessed therapeutic virtue when administered in powdered form. Paré had serious doubts on the very existence of this beast, and even greater doubts about the efficacity of the powder. His *Discours de la Licorne* appeared in 1582—and was at once violently attacked by his colleagues. The following passage shows him suggesting that there exists almost no real evidence of the unicorn's existence, quoting two medical men in support of his views and giving reasons for the conservative attitude of the majority of his colleagues.

*** Parce que plusieurs s'estiment bien munis contre la peste et toutes sortes de poisons et venins par le moyen de la corne de Licorne ou *Monoceros*, prise en poudre ou en infusion, j'ai pensé faire chose agréable et profitable au public, en examinant par ce discours cette opinion tant invétérée et toutefois fort incertaine.

Premièrement on entend par ce mot de Licorne une bête naissante en fort lointain pays, avec une seule corne au front, qui est prise comme chose miraculeuse contre tous venins et fort estimée des rois, princes et grands seigneurs et même du peuple. Les Grecs l'appellent *Monoceros* et les Latins *Unicornis*. Mais la description de la dite Licorne porte avec soi un doute manifeste, vu que les uns disent[7] que c'est une bête inconnue et étrange et qu'elle naît aux Indes, les autres en Éthiopie, les autres en déserts; dont[8] on peut conjecturer que ce peu de connaissance que l'on en a eu jusqu'à présent en notre Europe a été donnée par gens barbares qui n'ont pu dire autre chose, sinon qu'elle naît en déserts, et qu'elle est solitaire et hante les lieux inaccessibles, et que c'est une chose qui se voit fort rarement. Ceci démontre assez que ces gens-là n'en savent rien au vrai[9] et qu'ils n'en parlent que par opinion et par ouï-dire.

Je me suis enquis de Monsieur Duret, à cause de la grande assurance que j'avais de son haut et tant célèbre savoir, quelle opinion il avait de la corne de Licorne; il me répondit qu'il pensait qu'elle n'avait aucune vertu contre les venins: ce qu'il me confirma par bonne, ample et valable raison et même me dit qu'il n'hésitait pas de le publier en son auditoire, qui est un théâtre d'une infinité de gens doctes[10] qui s'y assemblent ordinairement pour l'écouter.

Je veux bien encore avertir le lecteur quelle opinion avait de cette corne de Licorne Monsieur Chapelain, Premier Médecin du roi Charles IX, qui en son vivant[11] était grandement estimé entre les gens doctes. Un jour, lui parlant du grand abus qui se commettait en usant de la corne de Licorne, je le priai (vu l'autorité qu'il avait auprès du Roi, notre maître) d'en vouloir ôter l'usage et principalement d'abolir cette coutume qu'on avait de laisser tremper un morceau de Licorne dans la coupe où le Roi buvait, craignant le poison.[12] Il me répondit que véritablement il ne connaissait aucune vertu en la corne de Licorne, mais qu'il voyait l'opinion qu'on avait d'elle invétérée et enracinée au cerveau des princes et du peuple.

Considérant donc cette réponse, joint aussi qu'on n'a rien aperçu[13] de ses écrits depuis sa mort, qui fut il y a environ onze ans ou plus, je m'expose maintenant à la butte qu'il refusa pour lors.[14] S'il y a quelqu'un qui puisse m'aissailler de quelque bon trait de raison ou d'expérience, je n'en serai pas offensé, au contraire je lui saurai fort bon gré[15] de m'avoir montré ce je n'ai pu apprendre des plus doctes personnages qui furent et sont encore en estime, pour leur doctrine singulière.

Vous me dites: puisque les médecins savent bien et disent eux-mêmes que ce n'est qu'un abus de cette poudre de Licorne, pourquoi en ordonnent-ils? C'est parce que le monde veut être trompé et les dits médecins sont contraints bien souvent d'en ordonner ou, pour mieux dire, permettre aux patients d'en user, parce qu'ils en veulent et s'il arrivait que les patients, qui en demandent, mouraient sans en avoir pris, les parents donneraient tous la chasse aux susdits médecins.

1. Having arranged it like the wounded man
2. So they claim

3. However small their wits may be
4. Namely by cabalistic words
5. You shall not suffer poisoners to live
6. Seeing that
7. Seeing that some say
8. From which
9. In fact know nothing about it
10. A large number of learned men
11. In his lifetime
12. Through fear of poison
13. In addition to the fact that nothing has been seen
14. The ridicule which he had been unwilling to face at the time
15. I will be grateful

MONTAIGNE

Michel de Montaigne (1533–92) was the son of a wealthy trader of Bordeaux; his mother was of Portuguese-Jewish descent. His life was devoted to the study of Greek and Latin classics and to the service of his city, of which he was twice elected mayor. Disappointed ambitions, indifferent health, and the death of a close friend led him to retire to a life of study and meditation, but the calls of public life and opportunities to travel abroad somewhat weakened this decision. Montaigne's *Essais* give us a picture of a man in whom wide reading and deep thinking have created a feeling of restrained scepticism, typified by his motto 'Que sais-je?', and tempered by gentle wit. None of his essays lacks a personal note, and all of them provide evidence of a wide range of interests. In the following brief extract he expresses his sceptic views on drugs and extols instead simple cleanliness.

On natural remedies

*** Les promesses mêmes de la médecine sont incroyables: car, ayant à pourvoir à[1] divers accidents contraires, qui nous pressent souvent ensemble et qui ont une relation quasi nécessaire, comme la chaleur du foie et la froideur de l'estomac, les médecins vont nous persuadant[2] que, de leurs ingrédients, celui-ci échauffera l'estomac, cet autre rafraîchira le foie; l'un a sa charge[3] d'aller droit aux reins, ou même jusqu'à la vessie, sans étaler ailleurs ses opérations, et conservant ses forces et sa vertu, en ce long chemin plein d'obstacles, jusqu'au lieu au service duquel il est destiné par sa propriété occulte; l'autre assèchera le cerveau; celui-là humectera le poumon. De tout cet amas ayant fait une mixtion de breuvage, n'est-ce pas quelque espèce de rêverie d'espérer que ces vertus s'aillent divisant et triant de cette confusion et mélange,[4] pour courir à charges si diverses? Je craindrais infiniment qu'elles perdissent ou échangeassent leurs étiquettes et troublassent leurs quartiers.[5] Et qui pourrait imaginer que, en cette confusion liquide, ces facultés ne se corrompent, confondent et altèrent l'une l'autre? . . . Qu'on ne crie donc plus[6] après ceux qui, en ce trouble, se laissent doucement conduire à leur appétit et au conseil de nature, et se remettent à la fortune commune. J'ai vu, par occasion de mes voyages, quasi tous les bains fameux de Chrétienté, et depuis quelques années ai commencé à m'en servir: car en général j'estime le bain salubre, et crois que nous encourons non légères incommodités[7] en notre santé pour avoir perdu cette coutume, qui était généralement observée au temps passé quasi en toutes les nations, et l'est encore en plusieurs, de se laver le corps tous les jours; et je ne puis pas imaginer que nous ne valons beaucoup moins[8] de tenir ainsi nos membres encroutés et nos pores estopées de crasse. Et quant à boire cette eau, la fortune a fait premièrement qu'elle ne soit aucunement ennemie de mon goût; secondement elle est naturelle et simple, et au moins n'est pas dangereuse, si elle est vaine; de quoi je prends pour répondant[9] cette infinité de peuples de toutes sortes et complexions qui s'y assemblent.

1. Having to provide for
2. Strive to persuade us
3. The duty of the one
4. Will go separating and sorting themselves out of this confusion and mixture
5. Disturb the quarterings of their family escutcheons
6. Let us then have no more complaints
7. We run the risk of quite serious disorders
8. That we have not seriously regressed
9. I call as witnesses

MARIOTTE

Edmé Mariotte (1620–84), prior of St Martin-sous-Beaune, near Dijon, presented a large number of papers on the physical sciences before the Paris Académie des Sciences of which he was one of the earliest members. His interests ranged from acoustics to the motion of fluids, from the nature of colour to dynamics.

His most important contributions to physics are embodied in his *Traité de la percussion des corps* and *Essais de physique*. In the second of these essays, *De la nature de l'air*, he enunciated what became known in France as Mariotte's Law, and in other countries as Boyle's Law, one of the many instances of independent research leading to near-simultaneous discovery which we find in the history of science.

The contraction of gases

** La première question qu'on peut se faire là-dessus est de savoir si l'air se condense précisément selon la proportion des poids dont il est chargé,[1] ou si cette condensation suit d'autres lois et d'autres proportions. Voici les raisonnements que j'ai faits pour savoir si la condensation de l'air se fait à proportion des poids dont il est pressé.

Etant supposé, comme l'expérience le fait voir, que l'air se condense davantage lorsqu'il est chargé d'un plus grand poids, il s'ensuit nécessairement que, si l'air qui est depuis la surface de la terre jusqu'à la plus grande hauteur où il se termine devenait plus léger, sa partie la plus basse se dilaterait plus qu'elle n'est;[2] et que s'il devenait plus pesant, cette même partie se condenserait davantage. Il faut donc conclure que la condensation proche de la terre se fait suivant une certaine proportion du poids de l'air supérieur dont il est pressé, et qu'en cet état il fait équilibre par son ressort[3] précisément à tout le poids de l'air qu'il soutient.

De là il s'ensuit que, si on enferme dans un baromètre du mercure[4] avec de l'air et qu'on fasse l'expérience du vide, le mercure ne demeurera pas dans le tuyau à la hauteur qu'il était: car l'air qui y est enfermé avant l'expérience fait équilibre par son rapport au poids de toute l'atmosphère, c'est-à-dire de la colonne d'air de même largeur qui s'étend depuis la surface du mercure dans le vaisseau jusqu'au haut de l'atmosphère, et par conséquent le mercure qui est dans le tuyau ne trouvant rien qui lui fasse équilibre, il descendra. Mais il ne descendra pas entièrement; car lorsqu'il descend, l'air enfermé dans le tuyau se dilate, et par conséquent son ressort n'est plus suffisant pour faire équilibre avec tout le poids de l'air supérieur. Il faut donc[5] qu'une partie du mercure demeure dans le tuyau à une hauteur telle que, l'air qui est enfermé étant dans une condensation qui[6] lui donne une force de ressort capable de soutenir seulement une partie du poids de l'atmosphère, le mercure qui demeure dans le tuyau fasse équilibre avec le reste; et alors il se fera équilibre[7] entre le poids de toute cette colonne d'air, et le poids de mercure resté joint par la force du ressort de l'air enfermé. Or si l'air doit se condenser à proportion des poids dont il est chargé, il faut nécessairement qu'ayant fait une expérience en laquelle le mercure demeure dans le tuyau à une hauteur de quatorze pouces, l'air qui est enfermé dans le reste du tuyau soit alors dilaté deux fois plus qu'il n'était avant l'expérience; pourvu que dans le même temps tous les baromètres sans air élèvent leur mercure à vingt-huit pouces précisément.

1. Bearing down on it
2. More than it does
3. Balances by its elasticity
4. If one places some mercury . . .
5. *Say:* A part of the mercury must therefore remain
6. The air enclosed therein being in a state of condensation such as to
7. A state of equilibrium will be reached

PASCAL

To Blaise Pascal (1623–62), science owes a number of advances, including the proof, by the famous experiment here described, of atmospheric pressure. Essentially a mathematician, he completed before he was sixteen a work on the conic sections which laid the foundations for the modern treatment of that subject. His approach to a problem was governed by his admiration for geometry as a mental discipline: no conclusion can be reached in it unless each step is proved and every term clearly understood and explained. Beyond the perfection of geometry is another, the divine, which man cannot comprehend. Thus the physicist and mathematician in Pascal is complemented by the mystic. His family had been attracted by the Catholic sect known as the Jansenists; his sister Jacqueline wished to enter their convent at Port Royal and was only dissuaded by her father, who held an important government post. When the latter died, close links were established with Port-Royal, and Pascal, after undergoing a mystical experience in 1654, was himself converted. His polemical *Provinciales*, written in defence of the Jansenists, and his posthumous philosophical *Pensées* have ensured his place in French literature. He died at thirty-nine, prematurely aged by overwork and illness. The following simplified extract is from a letter to his brother-in-law Périer who in September 1648 carried out at his direction an experiment intended to disprove the current belief that Nature abhors a vacuum. The second extract is taken from Pascal's explanatory notice on his calculating machine.

On atmospheric pressure

** Je n'interromprais pas le travail continuel, où vos emplois vous engagent, pour vous parler de méditations physiques, si je ne savais qu'elles serviront à vous délasser en vos heures de relâche, et que vous en aurez du divertissement. Je sais le plaisir que vous recevez en cette sorte d'entretien. Celui-ci ne sera qu'une continuation de ceux que nous avons eus ensemble touchant le vide.[1] Vous savez quel sentiment les philosophes ont eu sur ce sujet: Tous ont tenu pour maxime que la nature abhorre le vide; et presque tous, passant plus avant, ont soutenu qu'elle ne peut l'admettre et qu'elle se détruirait elle-même plutôt que de le souffrir. . . . Je travaille maintenant à chercher des expériences pour voir si les effets que l'on attribue à l'horreur du vide doivent être véritablement attribués à cette horreur du vide, ou s'ils le doivent être à la pesanteur et pression de l'air;

car, pour ouvrir franchement ma pensée,[2] j'ai peine à croire que la nature, qui n'est point animée, ni sensible, soit susceptible d'horreur, puisque les passions présupposent une âme capable de les ressentir,[3] et j'incline bien plus à imputer tous ces effets à la pesanteur et pression de l'air, parce que je ne les considère que comme des cas particuliers d'une proposition universelle de l'équilibre des liqueurs, qui doit faire la plus grande partie du traité que j'ai promis ...

Je ne saurais mieux vous témoigner[4] la circonspection que j'apporte avant de m'éloigner des anciennes maximes, que de vous rappeler l'expérience que je fis ces jours passés en votre présence avec deux tuyaux l'un dans l'autre, qui montre apparement le vide dans le vide. Vous vîtes que le vif-argent du tuyau intérieur demeura suspendu à la hauteur où il se tient par l'expérience ordinaire, quand il était contrebalancé et pressé par la pesanteur de la masse entière de l'air, et qu'au contraire, il tomba entièrement, sans qu'il lui restât aucune hauteur ni suspension, lorsque, par le moyen du vide dont il fut environné, il ne fut plus pressé ni contrebalancé d'aucun air, en ayant été destitué de tous côtés. Vous vîtes ensuite que cette hauteur ou suspension du vif-argent augmentait ou diminuait à mesure que la pression de l'air augmentait ou diminuait, et qu'enfin toutes ces diverses hauteurs ou suspensions du vif-argent étaient toujours proportionnées à la pression de l'air.

Certainement, après cette expérience, il y avait lieu de se persuader[5] que ce n'est pas l'horreur du vide, comme nous estimons, qui cause la suspension du vif-argent dans l'expérience ordinaire, mais la pesanteur et pression de l'air, qui contrebalance la pesanteur du vif-argent. Mais parce que tous les effets de cette dernière expérience des deux tuyaux, qui s'expliquent si naturellement par la seule pression et pesanteur de l'air, peuvent encore être expliqués assez probablement par l'horreur du vide, je me tiens dans cette ancienne maxime,[6] résolu néanmoins de chercher l'éclaircissement entier de cette difficulté par une expérience décisive. J'en ai imaginé une qui pourra seule suffire pour nous donner la lumière que nous cherchons, si elle peut être exécutée avec justesse. C'est de faire l'expérience ordinaire du vide plusieurs fois un même jour, dans un même tuyau, avec le même vif-argent, tantôt au bas et tantôt au sommet d'une montagne, élevée pour le moins de cinq ou six cents toises,[7] pour éprouver si la hauteur du vif-argent suspendu dans le tuyau sera pareille ou différente dans ces deux situations. Vous voyez déjà sans doute que cette expérience est décisive de la question, et que, s'il arrive que la hauteur du vif-argent soit moindre au haut qu'au bas de la montagne (comme j'ai beaucoup de raisons pour le croire, quoique tous ceux qui ont médité sur cette matière soient contraires à ce sentiment), il s'ensuivra nécessairement que la pesanteur et pression de l'air est la seule cause de cette suspension du vif-argent, et non pas l'horreur du vide, puisqu'il est bien certain qu'il y a beaucoup plus d'air qui pèse sur le pied de la montagne que sur son sommet; au lieu qu'on ne saurait pas dire[8] que la nature abhorre le vide au pied de la montagne plus que sur son sommet.

Pascal's calculating machine

*** Je ne doute pas qu'après l'avoir vue, il ne tombe d'abord dans ta pensée[9] que je devais avoir expliqué par écrit sa construction et son usage, et que, pour rendre ce discours intelligible, j'étais même obligé, suivant la méthode des géomètres, de représenter par figures les dimensions, la disposition et le rapport de toutes les pièces et comment chacune doit être placée pour composer l'instrument et mettre son mouvement en sa perfection; mais tu ne dois pas croire qu'après n'avoir épargné ni le temps, ni la peine, ni la dépense pour la mettre en état de t'être utile, j'eusse négligé[10] d'employer ce qui était nécessaire pour te contenter sur ce point, qui semblait manquer à son accomplissement, si je n'avais été empêché de la faire par une considération si puissante que j'espère même qu'elle te forcera de m'excuser. Oui, j'espère que tu approuveras que je me sois abstenu de ce discours, si tu prends la peine de faire réflexion d'une part sur la facilité qu'il y a d'expliquer de bouche[11] et d'entendre par une brève conférence la construction et l'usage de cette machine, et, d'autre part, sur l'embarras et la difficulté qu'il y eût eu d'exprimer par écrit les mesures, les formes, les proportions, les situations et le surplus des propriétés de tant de pièces différentes; alors tu jugeras que cette doctrine est du nombre de celles qui ne peuvent être enseignées que de vive voix: et qu'un discours par écrit en cette matière serait autant et plus inutile et embarrassant que celui qu'on emploierait à la description de toutes les parties d'une montre, dont toutefois l'explication est si facile, quand elle est fait bouche à bouche; et qu'apparemment un tel discours ne pourrait produire d'autre effet qu'un infaillible dégoût en l'esprit de plusieurs, leur faisant concevoir mille difficultés où il n'y en a point du tout.

Maintenant, cher lecteur, j'estime qu'il est nécessaire de t'avertir que je prévois deux choses capables de former quelques nuages en ton esprit. Je sais qu'il y a nombre de personnes qui font profession de trouver à redire partout,[12] et qu'entre ceux-là il s'en pourra trouver qui te diront que cette machine pouvait être moins composée;[13] c'est là la première vapeur que j'estime nécessaire de dissiper. Cette proposition ne peut-être faite que par certains esprits qui ont véritablement quelque connaissance de la mécanique ou de la géométrie, mais qui, pour ne les savoir joindre l'une et l'autre, et toutes deux ensemble à la physique, se flattent ou se trompent dans leurs conceptions imaginaires, et se persuadent possibles beaucoup de choses qui ne le sont pas, pour ne posséder qu'une théorie imparfaite des choses en général, laquelle n'est pas suffisante de leur faire prévoir en particulier les inconvénients qui arrivent, ou de la part de la matière,[14] ou des places que doivent occuper les pièces d'une machine dont les mouvements sont différents afin qu'ils soient libres et qu'ils ne puissent s'empêcher l'un l'autre. Quand donc ces savants imparfaits te proposeront que cette machine pouvait être moins composée, je te conjure de leur faire la réponse que je leur ferais moi-même s'ils me faisaient une telle proposition, et de les assurer de ma part que je leur ferai voir, quand il leur plaira, plusieurs autres modèles, et même un instrument entier et parfait, beaucoup moins composé, dont je me suis publiquement servi pendant six mois entiers, et ainsi, que je n'ignore pas que la machine peut être moins composée . . . Tu leur diras aussi que, mon dessein n'ayant jamais visé qu'à réduire[15] en mouvement réglé toutes les opérations de l'arithmétique, je me suis en même temps persuadé que mon dessein ne conduirait qu'à ma propre confusion si ce mouvement n'était simple, facile, commode et prompt à l'exécution, et que la machine ne fût durable, solide, et même capable de souffrir sans altération la fatigue du transport; et enfin que, s'ils avaient autant médité que moi sur cette matière et passé par tous les chemins que j'ai suivis pour venir à mon but, l'expérience leur aurait fait voir qu'un instrument moins composé ne pouvait avoir toutes ces conditions que j'ai heureusement données à cette petite machine.

Car pour la simplicité du mouvement des opérations, j'ai fait en sorte qu'encore que[16] les opérations de l'arithmétique soient en quelque façon opposées l'une à l'autre, comme l'addition à la soustraction et la multiplication à la division, néanmoins elles se pratiquent toutes sur cette machine par un seul et unique mouvement.

1. Concerning the vacuum
2. To express myself frankly
3. A mind capable of being affected by them
4. I could not better express
5. There were grounds for believing
6. I am adhering to the old saying
7. At least five or six hundred fathoms high
8. Whereas one could not claim
9. The first thought that comes into your mind is
10. I would have omitted
11. To explain verbally
12. Who make it their business to criticise everything
13. Could have been less intricate
14. Either on account of the materials
15. Since my plan had merely been to reduce
16. I have proceeded so that although

CASSINI

An observatory was begun in 1467 and completed four years later, under Louis XIV and his minister Colbert. The building had been conceived, like so many others during the Sun King's long reign, as an architectural exercise of beauty and originality. It fell to its first director, Giovanni Domenico Cassini (1625–1712), to ensure that the final edifice was suitably adapted for its true purpose. Cassini was an Italian who had held for nearly twenty years the chair of astronomy at the University of Bologna. He became a naturalised Frenchman and the founder of a family of famed astronomers. His son, grandson and great-grandson all held in turn the directorship of the observatory. His greatest personal achievement was the discovery of the division in Saturn's ring.

The Paris observatory

** L'observatoire que le roi faisait construire était élevé au premier étage,[1] lorsque j'arrivai. Les quatre murailles principales avaient été dressées exactement aux quatre principales régions du monde. Mais les trois tours avancées que l'on ajoutait à l'angle oriental et occidental du côté du midi[2] et au milieu de la face septentrionale, me parurent empêcher l'usage important qu'on aurait pu faire de ces murailles, en y appliquant quatre grands quarts de cercle,[3] capables, par leur grandeur, de marquer distinctement, non seulement les minutes, mais même les secondes; car j'aurais voulu que le bâtiment même de l'observatoire eût été un grand instrument : ce que l'on ne peut pas faire à cause de ces tours, qui, d'ailleurs, étant octogones, n'ont que de petits flancs, coupés de portes et de fenêtres. C'est pourquoi je proposai d'abord qu'on n'élevât ces tours que jusqu'au second étage, et qu'au-dessus on bâtit une grande salle carrée, avec un corridor découvert tout à l'entour, pour l'usage dont je viens de parler. Je trouvais aussi que c'était une grande incommodité de n'avoir pas, dans l'observatoire, une seule grande salle d'où l'on pût voir le ciel de tous les côtés, de sorte qu'on ne pouvait pas suivre d'un même lieu le cours entier du soleil et des autres astres, d'orient en occident, ni l'observer avec le même instrument sans le transporter d'une tour à l'autre. Une grande salle me paraissait encore nécessaire pour y faire entrer le soleil par un trou et pouvoir faire sur le plancher la description du chemin journalier de l'image du soleil. Ce qui devait servir, non seulement d'un cadran vaste et exact, mais aussi pour observer les variations que les réfractions peuvent causer aux différentes heures du jour, et celles qui ont lieu dans le mouvement annuel. Mais ceux qui avaient travaillé au dessin de l'observatoire opinaient de l'exécuter conformément au premier plan qui en avait été proposé, et ce fut en vain que je fis mes représentations à cet égard[4] et bien d'autres encore. M. de Colbert vint même inutilement à l'observatoire pour appuyer mon projet.

1. Had reached the first floor
2. At the eastern and western angles of the south wall
3. Quadrants
4. In this respect

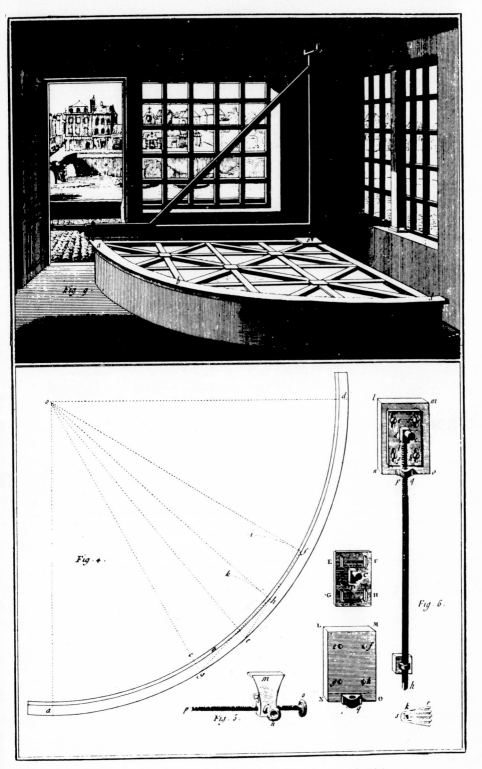

Quadrant for astronomical calculations (from the *Encyclopédie*)

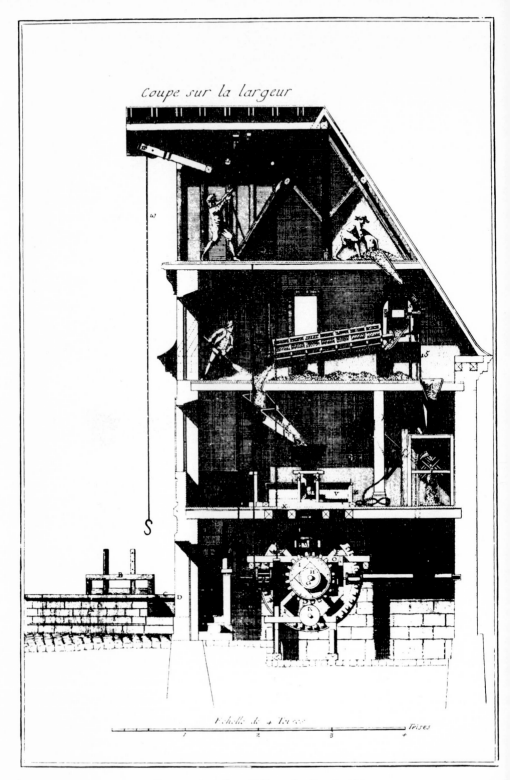

Coupe sur la largeur

Cross-section of a mill (from the *Encyclopédie*)

FONTENELLE

Bernard le Bovier de Fontenelle was born in Rouen in 1657 and died in Paris one hundred years later. A relative of the famous dramatists Pierre and Thomas Corneille, he wrote plays before turning his hand to the popularisation of science. His rise coincided with a growing interest in science; the *Journal des savants* began publication in 1665; the Académie des Sciences was founded a year later. Fontenelle's eminently readable and witty *Entretiens sur la pluralité des mondes* appeared in 1686. His was the role of the literary man stepping in to present scientific achievements to a wide, educated and receptive public. Later, as permanent secretary of the Académie des Sciences, from 1697 to 1740, he was required to write the 'Eloges' or funeral orations, of a number of great scientists. He thus became the historiographer of a new movement—that of the 'Philosophes' of the eighteenth century. The following extract expounds in dialogue form the heliocentric theory of Copernicus which, over a century after the Polish astronomer's death, was by no means widely known or accepted.

The Copernican universe

*** Considérez un Allemand nommé Copernic, qui fait main basse sur tous ces cercles différents,[1] et sur tous ces cieux solides qui avaient été imaginés par l'antiquité. Il détruit les uns, il met les autres en pièces. Saisi d'une noble fureur d'astronome, il prend la terre, et l'envoie bien loin du[2] centre de l'univers, où elle s'était placée, et dans ce centre il y met le soleil, à qui cet honneur était bien mieux dû. Les planètes ne tournent plus autour de la terre, et ne l'enferment plus au milieu du cercle qu'elles décrivent. Si elles nous éclairent, c'est en quelque sorte par hasard,[3] et parce qu'elles nous rencontrent en leur chemin. Tout tourne présentement autour du soleil, la terre y tourne elle-même ... Enfin, de tout cet équipage céleste, dont cette petite terre se faisait accompagner et environner, il ne lui est demeuré que la lune qui tourne encore autour d'elle.

— Attendez un peu, dit la Marquise, il vient de vous prendre un enthousiasme,[4] qui vous a fait expliquer les choses si pompeusement que je ne crois pas les avoir entendues. Le soleil est au centre de l'univers, et là il est immobile; après lui, qu'est-ce qui suit?

— C'est Mercure, répondis-je; il tourne autour du soleil, en sorte que le soleil est à peu près le centre du cercle que Mercure décrit. Au-dessus de Mercure est Vénus, qui tourne de même autour du soleil. Ensuite vient la terre qui,

C

étant plus élevée⁵ que Mercure et Vénus, décrit autour du soleil un plus grand cercle que ces planètes. Enfin suivent Mars, Jupiter, Saturne, selon l'ordre où je vous les nomme, et vous voyez bien que Saturne doit décrire autour du soleil le plus grand cercle de tous; aussi emploie-t-il plus de temps qu'aucune autre planète à faire sa révolution.

— Et la lune, vous l'oubliez, interrompit-elle.

— Je la retrouverai, dis-je. La lune tourne autour de la terre, et ne l'abandonne point; mais comme la terre avance toujours dans le cercle qu'elle décrit autour du soleil, la lune la suit, en tournant toujours autour d'elle; et si elle tourne autour du soleil, ce n'est que pour ne point quitter la terre.⁶

— Je vous entends, répondit-elle, et j'aime la lune de nous être restée⁷ lorsque toutes les autres planètes nous abandonnaient. Admettez que si votre Allemand avait pu nous la faire perdre, il l'aurait fait volontiers; car je vois dans tout son procédé qu'il était bien mal intentionné pour la terre.

— Je lui sais bon gré,⁸ lui répliquai-je, d'avoir rabattu la vanité des hommes, qui s'étaient mis à la plus belle place de l'univers, et j'ai du plaisir à voir présentement la terre dans la foule des planètes.

1. Who carries away all these different orbits
2. Far from
3. It is somewhat by chance
4. You have just been carried away by an enthusiasm
5. Being further away
6. It is only because it does not want to abandon the earth
7. For remaining with us
8. I am grateful to him

RÉAUMUR

René-Antoine Ferchault de Réaumur (1683–1757) was a typical example of the eighteenth-century savant of noble birth. Saved by his considerable wealth from the necessity of earning a living, he devoted himself to research. His work on mathematics and physics led to his election to the Académie des Sciences at the age of twenty-five. But his interests were as wide as his knowledge. Forestry, auriferous rivers, fossils, zoology, metallurgy, and industrial processes all claimed his attention.

As a result of his work on iron and steel, he was granted a state pension of 12,000 *livres*, which he assigned to the Académie for the furtherance of scientific research.

His *Mémoires pour servir à l'histoire des insectes* long remained a standard and eminently readable work, but he became widely known for his thermometer, constructed on a scale which took the freezing point of water as 0° and its boiling point as 80°.

Caterpillars

** Lorsque l'hiver a dépouillé les arbres de leurs feuilles, la nature semble avoir perdu ses insectes; il y en a des milliers d'espèces, d'ailées et de non-ailées, si communes en d'autres temps, qu'on ne retrouve plus alors. Nos campagnes s'en repeuplent[1] dès que les feuilles des arbres commencent à pointer; des chenilles de toutes espèces les rongent avant même qu'elles se soient développées. Ces chenilles, que nous voyons alors reparaître, suffisent pour nous donner idée des moyens généraux que la nature emploie pour conserver tant d'insectes dans une saison où ils ne sauraient plus trouver de quoi se nourrir.[2] Les observations qui ont été faites jusqu'ici ont établi que les chenilles naissent d'oeufs de papillons. Nous verrons ailleurs les lieux que les papillons choisissent pour déposer leurs oeufs, l'art avec lequel ils les arrangent, et les précautions qu'ils semblent prendre pour les conserver; c'est assez à présent de savoir qu'un très grand nombre d'espèces de chenilles subsistent seulement pendant l'hiver dans les oeufs que les papillons ont pondus dans des temps plus doux. Tout a été combiné par la nature de façon que[3] la chaleur nécessaire pour faire croître les petites chenilles dans leurs oeufs est la même qui est nécessaire pour faire pousser les feuilles des plantes et des arbres propres à les nourrir. Quand elles ont acquis la force de briser leur coque, d'en sortir, elles trouvent la nourriture que leurs besoins leur font chercher.[4]

Pour arriver à l'état de papillon, les chenilles passent par un état moyen, qui est celui de chrysalide. Sous cette forme, l'insecte n'a pas besoin de prendre de nourriture, et n'a pas d'organes capables d'en prendre. Quantité d'espèces de chrysalides vivent pendant l'hiver, les unes renfermées dans des coques qu'elles se sont filées[5] lorsqu'elles étaient chenilles; les autres sont au-dessous de certaines portions d'écorce d'arbres qui se sont un peu détachées; d'autres sont dans des crevasses de murs; d'autres sont cachées sous terre. C'est de[6] ces chrysalides que sortent les différentes espèces de papillons que nous voyons voler au printemps; ils font alors des oeufs, d'où des chenilles ne sont pas longtemps à éclore. D'autres chenilles passent l'hiver sous la forme même de chenille, elles choisissent et se font des retraites où elles demeurent aussi immobiles que si elles étaient mortes; leur constitution est telle que la nourriture leur est alors inutile; il ne se fait pas alors chez elles de dissipations[7] qui demandent à être réparées. Les retraites des unes sont sous terre, quelquefois à une profondeur de plusieurs pieds. D'autres restent au-dessus de la surface de la terre, sur des plantes, sur des arbres. Celles-ci sont ordinairement rassemblées en grand nombre dans le même endroit sous plusieurs enveloppes de soie qui servent à les défendre contre les injures de l'air. Il y a même quelques papillons de certaines espèces, qui passent l'hiver en vie,[8] sans prendre de nourriture, sans voler. Ils demeurent cachés dans des endroits où on ne les irait pas chercher. J'ai souvent fait fendre pendant l'hiver des troncs d'arbres creux ou cariés, pour trouver les insectes qui y étaient logés, dans lesquels j'ai quelquefois vu des papillons immobiles, mais qui devenaient en état de faire usage de leurs jambes et de leurs ailes dès que je les avais un peu réchauffés. J'ai trouvé, par exemple, dans des troncs de chêne des papillons vivants, dont les uns venaient de chenilles qui se nourrissent des feuilles de l'orme, et dont les autres venaient de chenilles qui se nourrissent des feuilles de l'ortie.

C'est par des moyens à peu près semblables que tant d'autres espèces d'insectes se conservent pendant l'hiver; il est vrai pourtant qu'il en fait périr un grand nombre,[9] et il est bien important pour nous qu'il en fasse périr beaucoup. Il y a des races si prodigeusement fécondes, que pour peu qu'il en reste quelques individus,[10] ils peuvent s'être assez multipliés avant la fin de l'été pour nous incommoder.

1. They increase in number again in our countryside
2. When they would be unable to find food
3. In such a way that
4. Drive them to seek
5. Which they spun
6. From

7. They suffer consequently no loss
8. Alive
9. That it [*hiver*] is responsible for the death of a great many
10. If only a few individuals remain

MONTESQUIEU

With the end of the seventeenth century, interest in the sciences begins to broaden and encompass a multitude of subjects, many of them linked only by the analytical and experimental approach of an increasing number of writers and thinkers. The great problem had been the cosmos—the problem of motion and, in particular, of the spheres. Newton, largely by the use of a non-cartesian experimental method, had discovered a system which linked the earth and physics in one coherent system. Attention now turned to man himself in a new and freer context, so that the scientific revolution of the eighteenth century was to a considerable extent a social one, culminating in the political revolution of 1789.

Indeed, the writings of the Philosophers, of Montesquieu and Rousseau, of Voltaire and Diderot, in a way tend to overshadow the achievements of Lavoisier in chemistry. This is symptomatic of the change then taking place: the separation of the speculative sciences from the physical. The former were to continue along the highway of philosophy and the new road of political science; the latter to explode into the incredibly rich aftermath of the Industrial Revolution.

In Charles-Louis de Secondat de Montesquieu (1689–1755), we have both an amateur physical scientist and an early political writer. Born of a wealthy family in the Montaigne country of Gascony, and himself a Bordeaux magistrate, he is the author of papers on such diverse subjects as acoustics (*Sur la cause de l'écho*), medicine (*Sur l'usage des glandes rénales*), the problem of weight, and the transparency of bodies. It is however his *Lettres Persanes* (1721) and his *Esprit des Lois* (1748) which ensure his fame. Both are careful studies of the problems involved in government, the first being a satire written in the guise of letters from Persian visitors to France. Both were dangerous undertakings in an age when political criticism was unwise: it was typical of the times that the *Lettres* were published in Amsterdam, with a title page which showed no author's name and effectively concealed the publisher's real name and his true place of residence. This is not to imply that Montesquieu was a revolutionary by modern standards, but it does make it clear that the application of rational analysis to political questions was a dangerous innovation.

The colour of insects

* Ayant observé dans le microscope un insecte dont nous ne savons pas le nom, nous remarquâmes que ce petit animal, qui est d'un très beau rouge, paraît presque grisâtre lorsqu'on le regarde au travers de la lentille, ne conservant qu'une petite nuance de rouge; ce qui nous paraît confirmer le nouveau système des couleurs de Newton, qui croit qu'un objet ne paraît rouge que parce qu'il renvoie aux yeux les rayons capables de produire la sensation du rouge, et absorbe ou renvoie faiblement tout ce qui peut exciter celle[1] des autres couleurs; et comme la principale vertu du microscope est de réunir les rayons, qui, étant séparés, n'auraient point assez de force pour exciter une sensation, il est arrivé dans cette observation que les rayons du gris se sont fait sentir par leur réunion, au lieu qu'auparavant ils étaient en pure perte[2] pour nous: ainsi ce petit objet ne nous a plus paru rouge, parce que de nouveaux rayons sont venus frapper nos yeux par le secours du microscope.

Nous avons examiné d'autres insectes qui se trouvent dans les feuilles d'ormeau, dans lesquelles ils sont renfermés . . . Ces insectes paraissent bleus aux yeux et au microscope; on les croit de couleur de corne travaillée:[3] ils ont six jambes, deux cornes et une trompe à peu près semblable à celle d'un éléphant. Nous croyons qu'ils prennent leur nourriture par cette trompe, parce que nous n'avons remarqué aucune autre partie qui puisse leur servir à cet usage.

La plupart des insectes, au moins tous ceux que nous avons vus, ont six jambes et deux cornes: ces cornes leur servent à se faire un chemin dans la terre, dans laquelle on les trouve.

On mistletoe

*** Le 29 mai 1718, nous fîmes quelques observations sur le *gui*. Nous pensions que cette plante venait de quelque semence qui, jetée par le vent, ou portée par les oiseaux sur les arbres, s'attachait à ces gommes qui se trouvent ordinairement sur ceux qui ont vieilli, surtout sur les fruitiers; mais nous changeâmes bien de sentiment par la suite.[4] Nous fûmes d'abord étonnés de voir sur une même branche d'arbre (c'était un poirier) sortir plus de cent branches de gui, les unes plus grandes que les autres, de troncs différents,[5] placés à différentes distances; de manière que si elles étaient venues de graines il y aurait fallu autant de graines qu'il y a de branches.

Ayant ensuite coupé une des branches de cet arbre, nous découvrîmes une chose à laquelle nous ne nous attendions pas:[6] nous vîmes des vaisseaux considérables, verts comme le gui, qui, partant de la partie ligneuse du bois, allaient dans les endroits d'où sortait chacune de ces branches; de manière qu'il était impossible de n'être pas convaincus que ces lignes vertes avaient été formées par un suc vicié[7] de l'arbre, lequel, coulant le long des fibres, allait faire un dépôt vers la superficie. Ceci s'aperçoit encore mieux lorsque l'arbre est en sève,[8] que dans l'hiver; et il y a des arbres où cela paraît plus manifestement que dans d'autres. Nous vîmes, le mois passé, dans une branche de cormier chargée de gui, de grandes et longues cavités: elles étaient profondes de plus de trois quarts de pouce, allant en s'élargissant du centre de la branche, d'où elles partaient comme d'un point, à la circonférence. Ces vaisseaux triangulaires suivaient le long de la branche dans la profondeur que nous venons de marquer; ils étaient remplis d'un suc vert épaissi, dans lequel le couteau entrait facilement, quoique le bois fût d'une dureté infinie: ils allaient, avec beaucoup d'autres plus petits, vers le lieu d'où sortaient les principales branches du gui. La grandeur de ces branches était toujours proportionnée à celle de ces conduits, qu'on peut considérer comme une petite rivière dans laquelle les fibrilles ligneuses, comme des petits ruisseaux, vont porter ce suc dépravé. Quelquefois ces canaux sont étendus entre l'écorce et le corps ligneux; ce qui est conforme aux lois de la circulation des sucs dans les plantes.

1. *i.e.* the sensation of
2. Totally lost
3. The colour of polished horn
4. We adopted quite a different point of view later
5. From different stems
6. Something we did not expect
7. Some diseased sap
8. When the sap is running

VOLTAIRE

Under the pseudonym of Voltaire lies concealed François-Marie Arouet, born in Paris in 1694, the son of a staid middle-class lawyer. Witty, possessed of a great deal of charm, and totally irrepressible, young Voltaire was soon accepted by society, and as quickly fell foul of the authorities. He was exiled in 1716, imprisoned in the Bastille in 1717 and again in 1725. By 1778, the year of his death, he had become unassailable and universally admired or hated—for no one could feel indifferent towards him. The range of his interests was typical of the man and of his age: witty novelist, able historian, dull but successful playwright, conventional poet, and indefatigable letter writer, he was equally at ease, equally interesting, when writing about Newton, Peter the Great, or the Lisbon earthquake. His assaults on the religious and political Establishment of France not merely undermined a political system which had become corrupt and inefficient, but prepared the way for numerous reforms in administration and law. His writings on scientific subjects, on the other hand, too often suffer from the extreme facility of his pen and his desire to discover in scientific facts additional polemical ammunition.

In defence of Descartes

*** Dans une critique qu'on a faite à Londres[1] du discours de M. de Fontenelle, on a osé avancer que Descartes n'était pas un grand géomètre. Ceux qui parlent ainsi peuvent se reprocher de battre leur nourrice; Descartes a fait un aussi grand chemin du point où il a trouvé la géométrie jusqu'au point où il l'a poussée, que Newton en a fait après lui: il est le premier qui ait enseigné la manière de donner les équations algébriques des courbes. Sa géométrie, grâce à lui devenue aujourd'hui commune, était de son temps si profonde qu'aucun professeur n'osa entreprendre de l'expliquer, et qu'il n'y avait guère en Hollande que Scooten, et en France que Fermat, qui l'entendissent.[2]

Il porta cet esprit de géométrie et d'invention dans la dioptrique, qui devint entre ses mains un art tout nouveau; et s'il s'y trompa beaucoup,[3] c'est parce qu'un homme qui découvre de nouvelles terres ne peut soudainement en connaître toutes les propriétés. Ceux qui le suivent lui ont au moins l'obligation de la découverte.[4] Je ne nierai pas que tous les autres ouvrages de M. Descartes ne fourmillent d'erreurs.

La géométrie était un guide que lui-même avait en quelque façon formé, et

qui l'aurait conduit sûrement dans sa physique; cependant il abandonna à la fin
ce guide. Alors sa philosophie ne fut plus qu'un roman ingénieux, et tout au
plus[5] vraisemblable pour les philosophes ignorants du même temps. Il se trompa
sur la nature de l'âme, sur les lois du mouvement, sur la nature de la lumière.
Il admit des idées innées, il inventa de nouveaux éléments, il créa un monde, il
fit l'homme à sa mode;[6] et on dit avec raison que l'homme de Descartes n'est en
effet que celui de Descartes, fort éloigné de l'homme véritable. Il poussa ses
erreurs métaphysiques jusqu'à prétendre que deux et deux ne font quatre que
parce que Dieu l'a voulu ainsi; mais ce n'est point trop dire qu'il était estimable
même dans ses égarements. Il se trompa, mais ce fut au moins avec méthode et de
conséquence en conséquence. S'il inventa de nouvelles chimères en physique,
du moins il en détruisit d'anciennes; il apprit aux hommes de son temps à
raisonner et à se servir contre lui-même de ses armes.[7] S'il n'a pas payé en bonne
monnaie,[8] c'est beaucoup d'avoir décrié la fausse.

Je ne crois pas qu'on ose à la vérité comparer en rien sa philosophie à celle de
Newton: la première est un essai, la seconde est un chef-d'oeuvre; mais celui qui
nous a mis sur la voie de la vérité vaut peut-être celui qui a été depuis au bout de
cette carrière.[9]

Descartes donna un oeil aux aveugles; ils virent les fautes de l'antiquité et les
siennes. La route qu'il ouvrait est, depuis lui, devenue immense. Le petit livre
de Rohault[10] a fait pendant quelque temps une physique complète; aujourd'hui
tous les recueils des académies de l'Europe ne sont pas même un commencement
de système. En approfondissant cet abîme, il s'est trouvé infini.[11] Il s'agit maintenant de voir ce que M. Newton a creusé dans ce précipice.

1. In a critical review in London
2. And hardly anyone except . . . could understand it
3. If he made numerous errors
4. Are at least in his debt for having discovered it
5. At the most
6. He made man in his own style
7. And to use his own weapons against himself [*i.e. Descartes*]
8. He may not have settled his accounts with valid currency, but
9. Who since then has reached the winning post
10. Jacques Rohault (1620–75), author of the *Tractatus physique*
11. When this abyss was deepened, it turned out to be bottomless

BUFFON

While some scientists turned their attention from man in the cosmos to man in societies, others devoted their energies to a study of man's physical environment. As this coincided with the growth of large-scale systematic studies, typified by the numerous encyclopaedias of the mid-eighteenth century, it was only to be expected that similar compilations would appear in the field of natural history. Georges-Louis Leclerc de Buffon (1707–88), was born of a wealthy Burgundian family, travelled widely with the young English Duke of Kingston, and was appointed *Intendant du Jardin du Roi* in 1739. For the rest of his life, he devoted himself to the supervision of the Paris botanical and zoological gardens, and to the preparation of his multi-volume *Histoire Naturelle*. His influence on the eighteenth century was very considerable; in spite of the occasional turgidity of his style, the popularity of his work and the personal respect he commanded diffused, in France and abroad, a taste for natural history. He was in fact essentially a populariser, and a conservative at heart, concerned to avoid challenging too seriously the accepted teachings of the church, so that, while his clear mind and wide knowledge could not allow him to overlook links between certain species nor the influence of a changing environment on animals, he ascribed these changes, not to an evolutionary process, but to one of degeneracy from more perfect created forms. It was the lesser known Jean Robinet (1735–1820) who, in his *De la Nature*, foreshadowed the theory of evolution. He visualised all living creatures as linked in one progressive scale, the lower forms leading to the more advanced, in an upward experimental evolutionary process—'Nature's apprenticeship in learning to make a mind'.

On useful animals

* Sur trois cents espèces d'animaux quadrupèdes et quinze cents espèces d'oiseaux qui peuplent la surface de la terre, l'homme en a choisi dix-neuf ou vingt; et ces vingt espèces figurent seules plus grandement[1] dans la nature et font plus de bien sur la terre que toutes les autres espèces réunies. Elles figurent plus grandement, parce qu'elles sont dirigées par l'homme, et qu'il les a prodigieusement multi-pliées: elles opèrent avec lui tout le bien qu'on peut attendre d'une sage administration de forces et de puissance pour la culture de la terre, pour le transport et le commerce de ses productions, pour l'augmentation des sub-sistences,[2] en un mot, pour tous les besoins, et même pour les plaisirs d'un seul

maître qui peut payer leurs services par ses soins. . . . Dans les seules espèces de la poule et du pigeon, l'on a fait naître[3] très récemment de nouvelles races en grand nombre, qui toutes peuvent se propager d'elles-mêmes; tous les jours, dans les autres espèces, on élève, on ennoblit les races en les croisant,[4] de temps en temps on acclimate, on civilise quelques espèces étrangères ou sauvages. Tous ces exemples modernes prouvent que l'homme n'a connu que tard l'étendue de sa puissance, et que même il ne la connaît pas encore assez; elle dépend en entier de l'exercice de son intelligence; ainsi plus il observera,[5] plus il cultivera la nature, plus il aura de moyens pour la soumettre . . . Et que ne pourrait-il pas sur lui-même, je veux dire[6] sur sa propre espèce, si la volonté était toujours dirigée par l'intelligence!

1. Alone play a greater role
2. Food supplies
3. *reverse the sentence:* . . . have been bred
4. By cross-breeding
5. The more he observes
6. I mean

D'ALEMBERT

Chambers' *Encyclopaedia* appeared in London in 1728. Publishing a French equivalent should have been a reasonably straightforward matter, but it took nearly twenty years before the first volume appeared in 1751, and another twenty before the *Encyclopédie* was completed. Its main editors, Diderot and d'Alembert, had to contend with two censorship orders, one in 1752 prohibiting the sale of the first two volumes, the other in 1759 banning the whole undertaking. Publication continued by means of a number of ingenious subterfuges, but thanks also to powerful protectors, among them the Marquise de Pompadour.

Denis Diderot (1713–84), philosopher, novelist, playwright and art critic, was not unused to hardship. Much of his life was spent in extreme poverty, and he was imprisoned in 1749 for his atheistic *Lettre sur les aveugles à l'usage de ceux qui voient*. The friendship of the Empress Catherine II of Russia enabled him to complete his work in relative comfort.

D'Alembert (1717–83) was the illegitimate son of Madame de Tencin, in whose *salon* gathered some of the most brilliant minds of the time—including Montesquieu, Fontenelle, Helvetius and Lord Chesterfield. He was elected to the Académie des Sciences at the age of twenty-three, and became permanent secretary of the Académie Française in 1772. Catherine II invited him to become her son's tutor, and Frederick II to accept the presidency of the Berlin Academy. He refused both these offers to devote himself to literary and scientific work.

Contributors to the *Encyclopédie* included Voltaire, Rousseau, Montesquieu, d'Holbach (on chemistry), Daubenton (on natural history), and Quesnay and Turgot (on economics and political science).

Preface to the Encyclopédie

* L'ouvrage que nous commençons (et que nous désirons de finir) a deux objets: comme *Encyclopédie*, il doit exposer, autant qu'il est possible, l'ordre et l'enchaînement des connaissances humaines; comme *Dictionnaire raisonné des science, des arts et des métiers* il doit contenir sur chaque science et sur chaque art, soit libéral, soit mécanique, des principes généraux qui en sont la base et les détails les plus essentiels qui en font le corps et la substance. Ces deux points de vue, d'*Encyclopédie* et de *Dictionnaire raisonné*, formeront donc le plan et la division de notre Discours préliminaire. Nous allons les envisager, les suivre l'un après l'autre, et rendre compte des moyens par lesquels on a tâché de satisfaire à ce double objet.

Pour peu qu'on ait réfléchi[1] sur la liaison que les découvertes ont entre elles, il est facile de s'apercevoir que les sciences et les arts se prêtent mutuellement des secours, et qu'il y a par conséquent une chaîne qui les unit. Mais s'il est souvent difficile de réduire à un petit nombre de règles ou de notions générales chaque science ou chaque art en particulier, il ne l'est pas moins[2] de renfermer dans un système qui soit un[3] les branches infiniment variées de la science humaine.

Le premier pas que nous avons à faire dans cette recherche est d'examiner, qu'on nous permette ce terme,[4] la généalogie et la filiation de nos connaissances, les causes qui ont dû les faire naître et les caractères qui les distinguent; en un mot, de remonter jusqu'à l'origine et à la génération de nos idées. Indépendamment des secours[5] que nous tirerons de cet examen pour l'énumeration encyclopédique des sciences et des arts, il ne peut être déplacé à la tête d'un *Dictionnaire raisonné des connaissances humaines*.

Experimental physics

*** Que de choses n'aurais-je point à dire ici sur les sciences qu'on appelle physico-mathématiques, sur l'astronomie physique entre autres, sur la manière dont l'expérience et le calcul doivent s'unir pour rendre ces sciences les plus parfaites qu'il est possible; mais afin de ne point rendre cet article trop long, je renvoie ces réflexions et plusieurs autres au mot PHYSIQUE, qui ne doit point être séparé de celui-ci. Je me bornerai pour le présent à ce qui doit être le véritable et comme l'unique objet de la physique expérimentale, à ces phénomènes qui se multiplient à l'infini, sur la cause desquels le raisonnement ne peut nous aider, dont nous n'apercevons point la chaîne, ou dont au moins nous ne voyons la liaison[6] que très imparfaitement, très rarement et après les avoir envisagés sous bien des faces: tels sont, par exemple, les phénomènes de la chimie, ceux de l'électricité, ceux de l'aimant et une infinité d'autres. Ce sont là les faits[7] que le physicien doit surtout chercher à bien connaître. Il ne saurait trop les multiplier;[8] plus il en aura recueilli, plus il sera près d'en voir l'union. Son objet doit être d'y mettre l'ordre dont ils seront susceptibles, d'expliquer les uns par les autres, autant que cela sera possible, et d'en former, pour ainsi dire, une chaîne où il se trouve le moins de lacunes possible. Il en restera toujours assez;[9] la nature y a mis bon ordre. Qu'il se garde bien[10] surtout de vouloir rendre raison de ce qui lui échappe; qu'il se défie[10] de cette fureur d'expliquer tout que Descartes a introduite dans la physique, qui a accoutumé la plupart de ses sectateurs à se contenter de principes et de raisons vagues, propres à soutenir également le pour et le contre. On ne peut s'empêcher de rire quand on lit dans certains ouvrages de physique les explications des variations du baromètre, de la neige, de la grêle et d'une infinité d'autres faits. Ces auteurs, avec les principes et la méthode dont ils se servent, seraient du moins aussi peu embarrassés pour expliquer des faits absolument contraires, pour démontrer, par exemple, qu'en temps de pluie le baromètre doit hausser, que la neige doit tomber en été et la grêle en hiver et ainsi des autres. Les explications dans un cours de physique doivent être, comme les réflexions dans l'histoire, courtes, sages, fines, amenées par les faits ou renfermées dans les faits mêmes par la manière dont on les présente.

1. If one has given the slightest thought
2. It is no easier
3. Single, integrated
4. If we may be allowed to use this term
5. Quite apart from the assistance
6. Or at least whose relationship we can only identify
7. Those are the facts
8. He could not have too many
9. There will always be enough left
10. Let him beware

CLAIRAULT

Alexis Claude Clairault (1713–65) was one of the most gifted mathematicians of his age. He read his first paper to the Académie des Sciences at the age of twelve; his *Recherches sur les courbes* ensured his admission to that august body at the age of eighteen! In 1743, he published his work on the configuration of the earth, which included what was known as Clairault's theorem, connecting the gravity at various points of a rotating ellipsoid with the effect of compression and centrifugal force at its equator. A few years later he won a prize from the Academy of St Petersburg for his *Théorie de la lune*. But although he was first and foremost a mathematician among mathematicians, he shared the eighteenth century savant's sense of style and awareness of the existence of a large audience of cultured amateurs, for whom a number of his papers were written.

Problems of gravity

** Quand on considère tout ce qui compose la surface de notre globe, les continents, les mers, les lacs, les montagnes, les courants des fleuves, etc., on est d'abord porté à croire que toutes les recherches que la théorie peut fournir pour déterminer la figure de la terre, sont de vaines spéculations, et que même la mesure actuelle ne saurait nous en faire connaître que de très petites parties, sans en pouvoir rien conclure pour le tout.

Quand on remarque ensuite que les mers communiquent ensemble de toutes parts, que les côtes ne sont que très peu élevées au-dessus de la mer, que la hauteur des plus grands fleuves ne suppose pas que leurs sources sont plus élevées au-dessus du niveau de la mer que ne le sont les montagnes; on vient bientôt à reconnaître que la figure de la terre doit dépendre des lois de l'hydrostatique, et que les opérations faites pour la mesurer doivent donner à peu près les mêmes résultats que si on les faisait sur une masse d'eau qui se serait durcie après avoir pris la figure que demandait l'équilibre.[1]

Mais est-ce que les lois de l'hydrostatique ne pourraient pas permettre que cette masse d'eau eût une forme irrégulière, qu'elle fût aplatie par un pôle, allongée par l'autre, et que les méridiens ne fussent pas semblables? En ce cas, les opérations faites en Laponie, en France et au Pérou ne pourraient nous donner la vraie figure de la terre? Voyons donc ce que demandent les lois de l'hydrostatique.

On sait, par les premiers principes de cette science, qu'un fluide ne saurait être en repos, à moins que sa surface ne soit de niveau,[2] c'est-à-dire perpendicu-

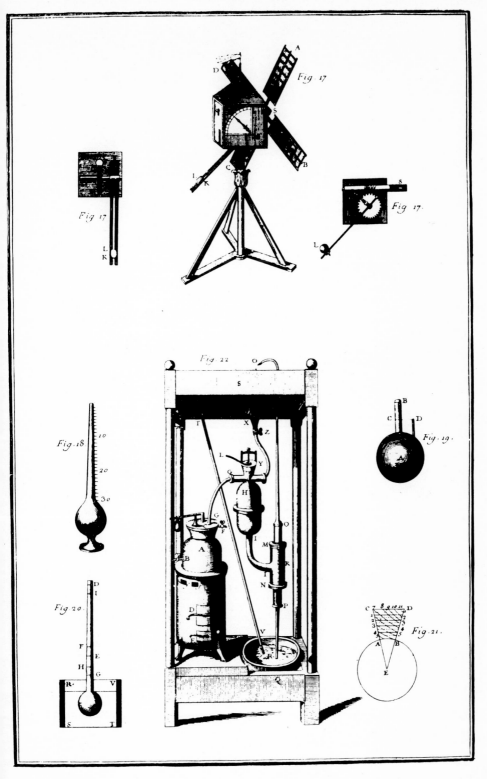

Eighteenth-century equipment for experiments on air pressure and velocity (from the *Encyclopédie*)

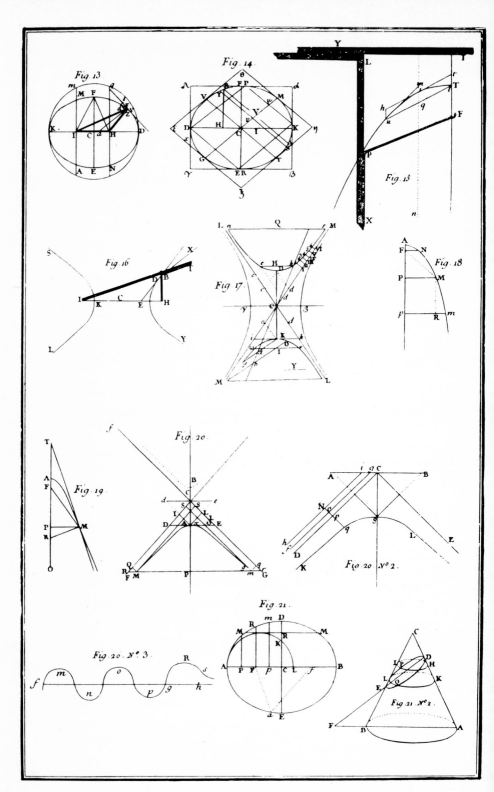

Conical sections (from the *Encyclopédie*)

laire à la ligne à plomb, parce qu'alors chaque goutte n'a pas plus de pente à couler d'un côté que d'un autre.[3]

De là il suit, que si la force avec laquelle tous les corps tombent était toujours dirigée vers un même centre, la terre devrait être parfaitement ronde, afin que les eaux qui la couvrent fussent en équilibre; mais si, au contraire, la direction de la pesanteur suit une ligne qui ne passe pas par le centre, la terre ne sera plus sphérique, mais elle aura la forme nécessaire pour qu'en chacun des points de sa surface elle soit coupée perpendiculairement par la direction de la pesanteur en ce point.

Toute la question de la figure de la terre est donc fondée sur la loi suivant laquelle la force de la pesanteur agit.

Approach to geometry

*** La mesure des terrains[4] m'a paru ce qu'il y avait de plus propre à faire naître les premières propositions de Géométrie; et c'est en effet l'origine de cette science, puisque Géométrie signifie *mesure de terrain*. Quelques auteurs prétendent que les Egyptiens, voyant continuellement les bornes de leurs héritages détruites par les débordements du Nil, jetèrent les premiers fondements[5] de la Géométrie, en cherchant les moyens de s'assurer exactement[6] de la situation, de l'étendue et de la figure de leurs domaines. Mais quand on ne s'en rapporterait pas[7] à ces auteurs, du moins est-il certain que, dès les premiers temps, les hommes ont cherché des méthodes pour mesurer et pour partager leurs terres. Voulant dans la suite perfectionner ces méthodes, les recherches particulières les conduisirent peu à peu à des recherches générales; et s'étant enfin proposé de connaître le rapport exact de toutes sortes de grandeurs, ils formèrent une science beaucoup plus vaste que ce qu'ils avaient d'abord embrassé,[8] et à laquelle ils conservèrent cependant le nom qu'ils lui avaient donné dans son origine.

Afin de suivre dans cet ouvrage une route semblable à celle des inventeurs, je m'attache d'abord à faire découvrir aux commençants les principes relatifs à la simple mesure des terrains et des distances accessibles ou inaccessibles, etc. De là je passe à d'autres recherches qui ont une telle analogie avec les premières que la curiosité naturelle de tous les hommes les porte à s'y arrêter,[9] et justifiant ensuite cette curiosité par quelques applications utiles, je parviens à faire parcourir tout ce que la Géométrie élémentaire a de plus intéressant.

On ne saurait disconvenir, il me semble, que cette méthode ne soit au moins propre à encourager ceux qui pourraient être rebutés par la sécheresse de vérités géométriques dénuées d'applications; mais j'espère qu'elle aura encore une utilité plus importante, c'est qu'elle accoutumera l'esprit à chercher et à découvrir; car j'évite avec soin de donner aucune proposition sous la forme de théorèmes, c'est-à-dire de ces propositions où l'on démontre que telle ou telle vérité est, sans faire voir comment on est parvenu à la découvrir. Les premiers auteurs de

D

mathémathiques ont présenté leurs découvertes en théorèmes, sans doute, pour donner un air plus merveilleux à leurs productions, ou pour éviter la peine de reprendre la suite[10] des idées qui les avaient conduits dans leurs recherches. Quoi qu'il en soit,[11] il m'a paru beaucoup plus à propos d'occuper continuellement mes lecteurs à résoudre des problèmes, c'est-à-dire, à chercher les moyens de faire quelque opération ou de découvrir quelque vérité inconnue, en déterminant le rapport qui est entre des grandeurs inconnues qu'on se propose de trouver. En suivant cette voie, les commençants aperçoivent, à chaque pas qu'on leur fait faire, la raison qui détermine l'inventeur, et par là, ils peuvent acquérir plus facilement l'esprit d'invention.

1. The shape which equilibrium imposed on it
2. Unless its surface is level
3. On no side is there a slope down which any drop could run
4. Measuring land
5. Laid the first foundations
6. To ascertain exactly
7. Even if one does not put one's faith in
8. Than what they had undertaken initially
9. Causes them to pause there
10. To avoid the troubles of taking up anew the sequence
11. Be that as it may

LAGRANGE

Described by Frederick the Great, with some justification, as the greatest mathematician in Europe, Joseph-Louis Lagrange was born in Turin in 1736. At the age of eighteen, he was appointed professor of geometry at a military academy. Overwork led to a breakdown which forced him to resign, but he continued his research, joining the group of French mathematicians, Clairault and d'Alembert among them, who were making eighteenth-century Paris such an important centre of scientific activity. He was awarded prizes by the Académie des Sciences in 1764, 1766, 1772, 1774 and 1778. Accepting Frederick's invitation to work in Prussia, he taught at the Berlin academy and worked on his great *Mécanique analytique*. Returning to France in 1787 he was appointed president of the commission which supervised the introduction of the metric system, and taught successively at the Ecole Normale and the Ecole Polytechnique, founded in 1797 for the training of scientists. He died in 1813.

Elements of cartography

★★ Une carte géographique n'est autre chose qu'une figure plane qui représente la surface de la terre, ou une de ses parties. Cette représentation n'aurait aucune difficulté si la terre était plate, ou si elle était un solide quelconque terminé par des surfaces planes: il en serait de même si la terre avait une figure courbe telle qu'elle pût se développer sur un plan, ce qui a lieu à l'égard des cônes et d'une infinité d'autres surfaces courbes. Mais la terre étant sphérique, ou plutôt sphéroïdique, il est impossible de représenter sur un plan une partie quelconque de sa surface sans altérer les positions et les distances respectives des différents lieux; et la plus grande perfection d'une carte géographique doit consister dans la moindre altération de ces distances.

Etant dans l'impossibilité de construire des cartes géographiques qui soient la représentation exacte des différents lieux de la terre, les géographes ont pensé à former des espèces de tableaux, où les mêmes lieux sont placés suivant les règles de la Perspective; c'est ce qui a donné lieu aux différentes espèces de projections géographiques, lesquelles ne diffèrent que dans la position de l'oeil et dans celle du plan de projection par rapport à la surface terrestre.[1]

Comme la situation des différents lieux de la terre se détermine par les cercles de longitude et de latitude qui passent par ces lieux, toute la difficulté consiste dans la projection de ces cercles, et il est facile de concevoir que la projection d'un cercle quelconque de la sphère ne peut être qu'une section conique, formée par l'intersection du plan de projection avec le cône qui aura le même cercle pour base, et dont le sommet sera dans le lieu de l'oeil.

Si l'oeil est dans le centre du globe, la projection se nomme centrale et elle a la propriété que tous les grands cercles sont représentés par des lignes droites; mais les petits cercles le sont[2] par des cercles ou par des ellipses, suivant que leur plan est parallèle ou non au plan de projection. On se sert quelquefois de cette projection pour les mappemondes, et l'on y suppose ordinairement[3] que le plan de projection est parallèle à l'équateur, moyennant quoi[4] tous les cercles de latitude deviennent aussi des cercles dans la mappemonde; mais elle n'est guère usitée pour les cartes particulières qui ne représentent qu'une partie de la surface de la terre; elle l'est davantage[5] pour les cartes célestes, et c'est, en général, à cette projection que se réduit toute la Gnomonique, les lignes horaires d'un cadran quelconque[6] n'étant autre chose que les projections centrales des cercles horaires[7] de la sphère.

Des cartes géographiques construites d'après cette projection auraient le grand avantage que tous les lieux de la terre, qui sont situés dans un même grand cercle du globe, seraient placés en ligne droite dans la carte; en sorte que, pour avoir le plus court chemin d'un lieu de la terre à l'autre, il n'y aurait[8] qu'à joindre ces deux lieux dans la carte par une ligne droite.

En plaçant l'oeil à la surface du globe, et en prenant le plan de projection perpendiculaire au rayon visuel mené[9] de l'oeil au centre, on a la projection connue sous le nom de projection stéréographique, imaginée d'abord par Ptolémée pour la construction des astrolabes ou planisphère céleste, et adoptée ensuite par la plupart des géographes modernes pour la construction des cartes terrestres. La principale propriété de cette projection consiste en ce que tous les cercles du globe y sont pareillement représentés par les cercles; en sorte qu'il suffit de déterminer la projection de trois points quelconques d'un méridien ou d'un parallèle, pour pouvoir tracer la projection entière du cercle. On trouve dans différents traités de géographie des règles pour tracer les méridiens et les parallèles, quelle que soit la position de l'oeil sur la surface du globe.

1. In relation to the surface of the earth
2. But the small circles are represented by
3. It is normally assumed
4. Following which
5. It is more widely used
6. The hour lines of a given (sun)dial
7. Horary circles
8. It would be necessary merely to
9. The radius of vision drawn from

LAVOISIER

Progress in chemical research during the eighteenth century depended on the interpretation or the overthrow of the phlogiston, the so-called principle of inflammability of combustible bodies. More simply, advances in chemistry would not be made until man understood the chemical changes brought about by heat. The Germans Becher and Stahl had evolved the theory of the phlogiston, the hidden property which manifested itself by the heat and light observable in fire. The British scientists Black, Cavendish and Priestley later carried out a number of experiments which led them to question the existence of phlogiston, which they had formerly been prepared to accept. It fell to Lavoisier to disprove the existence of any hidden non-chemical principle, and to explain combustion by the effect of oxygen. This led to the creation of the chemical nomenclature on which modern chemistry is founded. By his further experiments, by his careful analytical approach, Lavoisier showed that no ponderable matter is lost through chemical change, and fully deserves the title of the father of modern chemistry.

But his life, begun so promisingly, ended in tragedy. Born in 1743, Antoine-Laurent Lavoisier was the son of a well-to-do lawyer. He was educated at the Collège Mazarin, studying mathematics, astronomy, chemistry and botany. His early work included an essay on methods of lighting large cities, on thunder, and a refutation of a theory that water could be converted by distillation into earth. In 1768 he was appointed 'adjoint-chimiste' to the Academy, becoming director in 1785. His discovery, jointly with Pierre Laplace, that water was formed by a combination of oxygen and hydrogen was made in 1783. He had by then already discovered oxygen, and disproved the theory of the phlogiston. With Berthollet, de Morveau and Fourcroy, he developed the famous nomenclature first put forward in the *Méthode de nomenclature chimique*, and further expounded in his *Traité élémentaire de chimie* (1789).

His work on chemistry was only a part of his activities. He was also a 'fermier-général' or tax farmer, was appointed 'régisseur des poudres' or controller of gunpowder factories, was an alternate deputy to the States-General of 1789, and was named secretary of the commission on weights and measures which was responsible for the establishment of the metric system. His interest in a scientific approach to agriculture led him to set up a model farm at Fréchines. He was the author of several essays on agriculture, economics and local administration.

But his activities as a tax farmer brought him under suspicion during the

Terror; arrested with other tax farmers, he was condemned to death after a brief mass trial and guillotined the same afternoon, his remains being thrown into a common grave. The mathematician Lagrange said of him 'It needed but a moment to sever that head, and perhaps a century will not be long enough to produce another like it.'

On combustion

** La combustion n'est autre chose que la décomposition du gaz oxygène opérée par un corps combustible. L'oxygène qui forme la base de ce gaz est absorbé, le calorique et la lumière deviennent libres et se dégagent. Toute combustion entraîne donc avec elle[1] l'idée d'oxygénation, tandis qu'au contraire l'oxygénation n'entraîne pas essentiellement l'idée de combustion, puisque la combustion proprement dite[2] ne peut avoir lieu sans un dégagement de lumière et de calorique. Il faut, pour que la combustion s'opère, que la base du gaz oxygène ait plus d'affinité avec le corps combustible qu'elle n'en a avec le calorique; or cette attraction élective, pour me servir de l'expression de Bergman,[3] n'a lieu qu'à un certain degré de température, qui même est différent pour chaque substance combustible; de là la nécessité de donner le premier mouvement[4] à la combustion par l'approche d'un corps chaud. Cette nécessité d'échauffer le corps qu'on se propose de brûler tient à des considérations qui n'ont encore fixé l'attention d'aucun physicien, et auxquelles je demande la permission de m'arrêter quelques instants; on verra qu'elles ne s'éloignent pas de mon sujet.

L'état actuel où nous voyons la nature est un état d'équilibre auquel elle n'a pu arriver[5] qu'après que toutes les combustions spontanées possibles, au degré de chaleur dans lequel nous vivons, et toutes les oxygénations possibles, ont eu lieu. Il ne peut donc y avoir de nouvelles combustions ou oxygénations qu'autant qu'on sort de cet état d'équilibre[6] et qu'on transporte les substances combustibles dans une température plus élevée. Un exemple éclaircira ce que cet énoncé peut présenter d'abstrait. Supposons que la température habituelle de la terre changeât d'une très petite quantité, et qu'elle devînt seulement égale à celle de l'eau bouillante: il est évident que le phosphore étant combustible beaucoup au-dessous de ce degré, cette substance n'existerait plus dans la nature dans son état de pureté et de simplicité; elle se présenterait toujours dans l'état d'acide, c'est-à-dire oxygénée, et son radical serait au nombre des substances inconnues. Il en serait successivement de même de tous les corps combustibles, si la température de la terre devenait de plus en plus élevée; et on arriverait enfin à un point où toutes les combustions possibles seraient épuisées, où il ne pourrait plus exister de corps combustibles, où tous seraient oxygénés et par conséquent incombustibles.

Nous revenons donc à dire qu'il ne peut y avoir pour nous[7] de corps combustibles autres que ceux qui sont incombustibles au degré de température dans lequel nous vivons: ou, ce qui veut dire la même chose en d'autres termes, qu'il est de l'essence de tout corps combustible de ne pouvoir jouir de la propriété combustible qu'autant qu'on l'échauffe et qu'on le transporte au degré de chaleur où s'opère sa combustion. Ce degré une fois atteint,[8] la combustion commence, et le calorique qui se dégage par l'effet de la décomposition du gaz oxygène entretient le degré de température nécessaire pour la continuer. Lorsqu'il en est autrement, c'est-à-dire lorsque le calorique fourni par la décomposition du gaz oxygène n'est pas suffisant pour que le degré de chaleur nécessaire à la combustion se continue, elle cesse: c'est ce qu'on exprime lorsqu'on dit que le corps brûle mal, qu'il est difficilement combustible.

The chemistry of breathing

* La respiration n'est qu'une combustion lente de carbone et d'hydrogène, qui est semblable en tout à celle qui s'opère dans une lampe ou dans une bougie allumée, donc, sous ce point de vue, les animaux qui respirent sont de véritables combustibles qui brûlent et se consument.[9]

Dans la respiration comme dans la combustion, c'est l'air de l'atmosphère qui fournit l'oxygène et le calorique; mais comme[10] dans la respiration c'est la substance même de l'animal, c'est le sang qui fournit le combustible, si les animaux ne réparaient pas habituellement par les aliments ce qu'ils perdent par la respiration, l'huile manquerait bientôt à la lampe, et l'animal périrait, comme une lampe s'éteint lorsqu'elle manque de nourriture.

Les preuves de cette identité d'effets entre la respiration et la combustion se déduisent immédiatement de l'expérience. En effet, l'air qui a servi à la respiration ne contient plus, à la sortie du poumon,[11] la même quantité d'oxygène; il renferme non seulement du gaz acide carbonique, mais encore beaucoup plus d'eau qu'il n'en contenait avant l'inspiration. Or, comme *l'air vital* ne peut se convertir en acide carbonique que par une addition de carbone; qu'il ne peut se convertir en eau que par une addition d'hydrogène; que cette double combinaison ne peut s'opérer sans que l'air vital perde une partie de son calorique spécifique, il en résulte que l'effet de la respiration est d'extraire du sang une portion de carbone et d'hydrogène, et d'y déposer à la place[12] une portion de son calorique spécifique qui, pendant la circulation, se distribue avec le sang dans toutes les parties de l'économie animale, et entretient cette température à peu près constante qu'on observe dans tous les animaux qui respirent.

1. Any form of combustion therefore involves
2. Properly so called
3. Torbern Olof Bergman (1735–84), Swedish chemist, author of *Essay of Elective Attraction*

4. Hence the need to set off the first impulse
5. Which [Nature] has only been able to attain
6. Only to the extent that one departs from this state of equilibrium
7. We therefore come back to saying that there cannot exist as far as we are concerned
8. Once this point has been reached
9. And are consumed
10. Since
11. When it leaves the lung
12. And to deposit instead

HAÜY

Crystallography is a relatively modern science which can be said to have been founded by the Frenchmen Romé de Lisle and René Haüy. The former's earlier studies, *Essai de cristallographie* (1772) and *Cristallographie, ou description des formes propres à tous les corps du règne minéral* (1783) were taken further by Haüy in his *Essai d'une théorie sur la structure des cristaux* (1784) and in the numerous treatises and papers which appeared under his name until his death in 1822. Haüy was drawn to the systematic study of crystals when he accidentally dropped a specimen of calcareous spar: this led him to carry out a number of experiments which resulted in the formulation of a mathematical theory of crystallisation and secured for him immediate recognition, admission to the Académie des Sciences, and the much-needed protection of influential savants during the Revolution. He held, under the Empire, the position of professor of mineralogy at the Muséum d'Histoire Naturelle.

Experiments in crystallography

* L'aspect seul de ces polyèdres[1] sur lesquels il semble qu'une main exacte a porté la règle et le compas pour en fixer les dimensions, indique un objet susceptible d'être soumis aux méthodes rigoureuses des sciences mathématiques: mais il fallait trouver dans l'objet même des données suffisantes pour exclure toute supposition arbitraire, et pour conduire à des solutions qui représentent les vrais résultats du travail de la Nature.

Une observation que je fis sur le spath calcaire en prisme à six pans, terminé par deux faces hexagones, me suggéra l'idée fondamentale de toute la théorie dont il s'agit. J'avais remarqué qu'un crystal de cette variété, qui s'était détaché par hazard d'un groupe, se trouvait cassé obliquement, de manière que la fracture présentait une coupe nette, et qui avait ce brillant auquel on reconnait le poli de la Nature. J'essayai si je ne pourrais point faire[2] dans ce même prisme des coupes dirigées selon d'autres sens;[3] et après différentes tentatives, je parvins à obtenir de chaque côté du prisme trois sections obliques: et par de nouvelles coupes parallèles aux premières, je détachai un rhomboïde parfaitement semblable au spath d'Islande, et qui occupait le milieu du prisme. Frappé de cette observation, je pris d'autres spaths calcaires, tel que celui qui forme un rhomboïde très obtus, celui dont la surface est formée de douze plans pentagones;

et j'y trouvai le même noyau rhomboïdal que m'avait offert le prisme dont j'ai
parlé plus haut.[4]

Des épreuves, faites sur des crystaux de plusieurs autres genres, assez tendres
pour être divisés nettement,[5] me donnèrent des noyaux qui avaient d'autres
formes, mais dont chacune était invariable dans le même genre de crystal. Je
crus alors être fondé,[6] d'après les tentatives faites sur les crystaux mentionnés,
et d'après des raisons d'analogie pour les crystaux que leur dureté ne permettait
pas de diviser, à établir ce principe général: que toute variété d'un même
crystal renfermait, comme noyau, un crystal qui avait la forme primitive et
originaire de son genre.

1. The mere appearance of these polyhedra
2. I tried to see if I could not carry out
3. Other directions
4. As the above-mentioned prism had presented
5. Soft enough to be clearly separated
6. I then felt justified

FOURIER

With the fall of the Bourbons, the official attitude of French governments towards scientists began to change rapidly. The Republic was sympathetic towards a body of men whose prominence was in no way due to class, and many of whom had contributed by their writings to the eventual overthrow of the monarchy. But the Republic had to contend almost at once with armed intervention from abroad. It appealed to scientists to assist in marshalling the country's resources and producing war material. Most responded enthusiastically. Another change of attitude came about with the rise of Napoleon, who confirmed the scientists in their position of prominence in the new state, organised them into new scientific bodies, and made skilful use of their services at home and on the various war fronts. Nothing was more typical in this respect than the Egyptian campaign. Although it was essentially a military operation, its purpose was to open the route to the further East and spread French influence and civilisation. To this end, French scientists were instructed to accompany Napoleon to Egypt, Monge and Berthollet being put in charge of the French Cairo Institute. The mathematician Fourier, who spent four years in Egypt, explained Napoleon's plan: 'He proposed to abolish the tyranny of the Mamelukes, extend irrigation and farming, establish permanent means of communication between the Mediterranean and the Gulf of Arabia, set up commercial posts, offer the Orient the useful example of European industry, in order to improve the conditions of the inhabitants and provide them with all the advantages of an advanced civilisation. This aim could only be achieved with the constant application of the arts and sciences.' Jean-Baptiste Fourier's own part in the Egyptian campaign was considerable. Born in 1768 in poor circumstances and left an orphan at the age of eight, brought up in a military college run by—of all people—a group of monks, he soon showed an aptitude for mathematics, and taught successively at the Ecole Normale and Ecole Polytechnique. He accompanied Napoleon to Egypt in 1798 and became governor of Lower Egypt. Following the British naval blockade, he organised munitions workshops. Appointed secretary of the Cairo Institute, he continued his mathematical work until 1801, when he returned to France. He then entered public administration, being appointed Prefect of the Department of Isère. The return of the Bourbons put an end to this political appointment. Fourier went back to full-time teaching and research until his death in 1830. His great contribution was his *Théorie analytique de la chaleur* (1822) in which he outlined his mathematical theory of conduction of heat, based on the 'Fourier Series'. His posthumous *Analyse des*

équations indéterminées (1831) contains Fourier's theorem on the real roots of an
equation between two limits.

The conduction of heat

** Les effets de la chaleur sont assujettis à des lois constantes qu'on ne peut
découvrir sans le secours de l'analyse mathématique. La théorie que nous allons
exposer a pour objet de démontrer ces lois; elle réduit toutes les recherches
physiques sur la propagation de la chaleur à des questions de calcul intégral dont
les éléments sont donnés par l'expérience. Aucun sujet n'est plus lié aux progrès
de l'industrie et à ceux des sciences naturelles; car l'action de la chaleur est
toujours présente; elle pénètre tous les corps et les espaces; elle influe sur les
procédés des arts et concourt à tous les phénomènes de l'univers.[1]

Lorsque la chaleur est inégalement distribuée entre les différents points d'une
masse solide, elle tend à se mettre en équilibre et passe lentement des parties plus
échauffées dans celles qui le sont moins; en même temps elle se dissipe par la
surface et se perd dans le milieu ou dans le vide. Cette tendance à une distribution
uniforme et cette émission spontanée qui s'opère à la surface des corps changent
continuellement la température des différents points. La question de la propagation de la chaleur consiste à déterminer quelle est la température de chaque
point d'un corps à un instant donné, en supposant que les températures initiales
sont connues. Les exemples suivants feront connaître plus clairement la nature
de ces questions.

Si l'on expose à l'action durable et uniforme d'un foyer de chaleur une même
partie d'un anneau métallique d'un grand diamètre, les molécules les plus voisines
du foyer s'échaufferont les premières et, après un certain temps, chaque point
du solide aura acquis presque entièrement[2] la plus haute température à laquelle il
peut parvenir. Cette limite ou maximum de température n'est pas la même
pour les différents points; elle est d'autant moindre qu'ils sont plus éloignés de
celui[3] où le foyer est immédiatement appliqué.

Lorsque les températures sont devenues permanentes, le foyer transmet, à
chaque instant, une quantité de chaleur qui compense exactement celle qui se
dissipe[4] par tous les points de la surface extérieure de l'anneau.

Si maintenant on supprime le foyer, la chaleur continuera de se propager dans
l'intérieur du solide; mais celle qui se perd dans le milieu ou dans le vide ne sera
plus compensée comme auparavant par le produit du foyer, en sorte que toutes les
températures varieront et diminueront sans cesse, jusqu'à ce qu'elles deviennent
égales à celle du milieu environnant.

Pendant que les températures sont permanentes et que le foyer subsiste, si
l'on élève, en chaque point de la circonférence moyenne de l'anneau, une
ordonnée perpendiculaire au plan de l'anneau et d'une longueur proportionnelle
à la température fixe de ce point, la ligne courbe qui passerait par les extrémités

de ces ordonnées représentera l'état permanent des températures, et il est très facile de déterminer par le calcul la nature de cette ligne. Il faut remarquer[5] que l'on suppose à l'anneau une épaisseur assez petite pour que tous les points d'une même section perpendiculaire à la surface moyenne aient des températures sensiblement égales. Lorsqu'on aura enlevé le foyer, la ligne qui termine les ordonnées proportionnelles aux températures des différents points changera continuellement de forme. La question consiste à exprimer par une équation la forme variable de cette courbe, et à comprendre ainsi[6] dans une seule formule tous les états successifs du solide.

1. Plays a role in all the phenomena of the universe
2. Will have reached almost in its entirety
3. It is proportionally lower according to their distance from the point
4. The amount that is lost
5. It should be pointed out
6. And in this way to embrace

MONGE

At the age of twenty-two, Gaspard Monge (1746-1818) became professor of mathematics at the military school in the provincial town of Mézières. Three years later, he was given the chair of physics, and in 1780 was appointed to the chair of hydraulics at the Paris Lyceum. He held there three posts concurrently, meanwhile contributing elegantly written papers to various learned publications. He was for a while Republican Minister of Marine (1792-3), and devoted himself to improving the production of war materials for the defence of the Republic. He later taught descriptive geometry—a science which he developed —at the Ecole Normale and the Ecole Polytechnique. Napoleon, who appreciated his qualities and his energy, gave him every encouragement and made him a Count of the Empire.

The theory of the shadow

* La théorie des ombres est entièrement fondée sur un phénomène que tout le monde connaît, c'est que la lumière se propage en ligne droite. Nous sommes si accoutumés à cette proposition que toutes les fois qu'on cherche à vérifier si une ligne est droite, on la compare à un rayon de lumière. Veut-on s'assurer qu'une règle est droite, on la compare, dans toute sa longueur, avec le rayon de lumière passant par ses deux extrémités; cherche-t-on à savoir si une rangée d'arbres est alignée, on se place de manière que le rayon de lumière qui vient d'une extrémité de cette rangée jusqu'à l'oeil passe le long des arbres, et si tous sont placés exactement le long de ce rayon, on reconnaît qu'ils sont parfaitement alignés.

Nous admettons donc, comme principe, que la lumière se répand en ligne droite. Il faut cependant observer que cette proposition n'est rigoureusement vraie que quand le milieu dans lequel la lumière se meut est d'une densité uniforme; mais dans les applications aux arts, que nous avons ici uniquement en vue, on a rarement besoin de considérer les rayons de lumière comme prolongés à une grande distance et traversant des milieux de densités sensiblement différentes: il nous sera donc permis de supposer les milieux uniformes[1] et les rayons de lumière rigoureusement en ligne droite.

Nous distinguerons deux cas: celui où l'espace est éclairé par un point lumineux unique, et celui où il est éclairé par un corps lumineux de dimensions finies; et nous considérerons d'abord le premier cas.

Le point lumineux lance dans tous les sens des rayons de lumière dont l'ensemble occupe entièrement l'espace, si aucun corps ne s'offre[2] pour les arrêter. Il n'en sera pas de même s'il y a un corps opaque, c'est-à-dire qui n'est pas pénétrable aux rayons de la lumière, qui les arrête ou les réfléchisse en tout ou en partie. Les rayons qui ne le rencontreront pas continueront de se répandre dans l'espace; mais ceux sur la direction desquels il est placé[3] seront arrêtés, et ne s'étendront pas dans la partie de l'espace qui est au delà, et qui, par l'interposition du corps, sera ainsi privée de lumière.

Concevez une surface conique ayant son sommet au point lumineux et enveloppant le corps opaque, et supposez-la prolongée indéfiniment: elle sera, au delà du corps opaque, la limite de la partie de l'espace[4] dans laquelle pénètrent les rayons envoyés par le point lumineux et de celle où il ne pourrait en arriver aucun. Cette dernière partie, privée de lumière par l'interposition du corps opaque, est ce qu'on appelle l'ombre de ce corps; telle est du moins la définition de ce qu'on entend par le mot ombre, lorsqu'en parlant d'une éclipse de lune, par exemple, on dit que la lune entre dans l'ombre de la terre. Le soleil est le corps lumineux duquel les rayons partent et se répandent dans toutes les directions; la terre est le corps opaque qui intercepte une portion de ces rayons; et derrière elle, par rapport au soleil,[5] il existe une partie de l'espace privée de lumière. Tant que la lune[6] est hors de cette partie, elle est éclairée et renvoie de la lumière, elle est visible; mais du moment qu'elle y entre, elle ne reçoit plus de lumière, n'en renvoie plus, et devient invisible.

Dans le langage ordinaire toutefois, ce n'est pas cela qu'on entend le plus souvent par le mot ombre, lorsque, par exemple, en se promenant au soleil on remarque que les ombres sont courtes à midi. Dans cette acception, l'ombre n'est point l'espace privé de lumière par l'interposition d'un corps qui arrête une partie des rayons lancés par le point lumineux, mais c'est la projection de cet espace sur la surface qui la reçoit; c'est dans ce dernier sens que nous emploierons habituellement ce mot.

1. We may therefore be allowed to assume that the media are uniform
2. On condition that no body presents itself
3. On whose route it is situated
4. It will represent, beyond the opaque body, the boundary between that part of space
5. In relation to the sun
6. For as long as the moon

LAMARCK

The origin and evolution of species have been the subject of speculation from time immemorial. Here might well be found the key to man's own existence and his destiny. Needless to say, the religious implications of over-bold hypotheses inspired caution in many who might otherwise have felt free to develop unorthodox theories. The less inhibited eighteenth century and the positivist nineteenth provided a safer and freer climate for theorists. Jean-Baptiste de Monet de Lamarck (1744–1829), although largely discredited as an evolutionary theorist by subsequent investigations, put forward several interesting and ingenious theories on the origin of the diversity of animal forms. Soldier, doctor, banker's clerk, chemist, botanist and zoologist, he first gained fame by his publication of *La Flore française* and his *Dictionnaire de botanique*. He then turned to zoology, publishing his *Système des animaux sans vertèbres* in 1801, and *Histoire naturelle des animaux sans vertèbres* in 1815–22. He coined the term 'Invertebrata', being the first to distinguish vertebrate from invertebrate animals by the presence of a vertebral column.

Lamarckism is a term loosely used to describe his theories on evolution, the two most important being the ability of an animal's body to develop a new or altered organ to cope with newly-arisen needs, and the transmission to a new generation of acquired characteristics. This last doctrine, now rejected by most geneticists, but still argued over by psychologists, was the basis of the theories of the modern Russian Lysenko.

The effect of environment

** Quantité de faits nous apprennent qu'à mesure que les individus d'une de nos espèces changent de situation, de climat, de manière d'être[1] ou d'habitude, ils en reçoivent des influences qui changent peu à peu la consistance et les proportions de leurs parties, leur forme, leurs facultés, leur organisation même, en sorte que tout en eux participe avec le temps[2] aux mutations qu'ils ont éprouvées.

Dans le même climat, des situations et des expositions très différentes font d'abord simplement varier les individus qui s'y trouvent exposés; mais, par la suite des temps,[3] la continuelle différence des situations des individus dont je parle, qui vivent et se reproduisent successivement dans les anciennes circonstances, amène en eux des différences qui deviennent, en quelque sorte, essentielles à leur être: de manière, qu'à la suite de beaucoup de générations qui se sont

Buffon, by Jean-Antoine Houdon

Claude-Louis Berthollet

Jean-Baptiste de Lamarck

Antoine-Laurent Lavoisier

succédées les unes aux autres, ces individus, qui appartenaient originairement à une autre espèce, se trouvent à la fin transformés en une espèce nouvelle, distincte de l'autre.

Par exemple, que[4] les graines d'une graminée, ou de toute autre plante naturelle à une prairie humide, soient transportées, par une circonstance quelconque, d'abord sur le penchant d'une colline voisine, où le sol, quoique plus élevé, sera encore assez frais pour permettre à la plante d'y conserver son existence, et qu'ensuite après y avoir vécu et s'y être bien des fois régénérée, elle atteigne, de proche en proche,[5] le sol sec et presque aride d'une côte montagneuse, si la plante réussit à y subsister et à s'y perpétuer pendant une suite de générations, elle sera alors tellement changée que les botanistes qui l'y rencontreront en constitueront une espèce particulière.

La même chose arrive aux animaux que des circonstances ont forcé de changer de climat, de manière de vivre et d'habitudes; mais, pour ceux-ci, les influences des causes que je viens de citer exigent plus de temps encore que pour des plantes, pour opérer des changements notables sur les individus.

De grands changements dans les circonstances amènent pour les animaux de grands changements dans leurs besoins, et de pareils changements dans les besoins en amènent nécessairement dans les actions. Or, si les nouveaux besoins deviennent constants ou très durables, les animaux prennent alors de nouvelles habitudes qui sont aussi durables que les besoins qui les ont fait naître.

On gradual change

★ Les naturalistes qui n'ont pas aperçu les changements qu'à la suite des temps,[3] la plupart des animaux subissent, voulant expliquer les faits relatifs aux fossiles observés ainsi qu'aux bouleversements reconnus[6] dans différents points de la surface du globe, ont supposé qu'une catastrophe universelle avait eu lieu à l'égard du globe de la terre: qu'elle avait tout déplacé, et avait détruit une grande partie des espèces qui existaient alors.

Il est dommage que ce moyen commode d'expliquer les opérations de la nature dont on n'a pu saisir les causes, n'ait de fondement que dans l'imagination qui l'a créée, et ne puisse être appuyée sur aucune preuve.

Des catastrophes locales, telles que celles qui produisent des tremblements de terre, des volcans et d'autres causes particulières, sont assez connues et l'on a pu observer les désordres qu'elles occasionnent dans les lieux qui en ont supporté.[7]

Mais pourquoi supposer, sans preuves, une catastrophe universelle, lorsque la marche de la nature, mieux connue, suffit pour rendre raison[8] de tous les faits que nous observons dans toutes ses parties?

Si l'on considère, d'une part, que dans tout ce que la nature opère, elle ne fait rien brusquement, et que partout elle agit avec lenteur et par degrés successifs, et

E

de l'autre part, que les causes particulières ou locales des désordres, des bouleversements, des déplacements, etc., peuvent rendre raison[8] de tout ce que l'on observe
à la surface de notre globe, et sont néanmoins assujettis à ses lois et à sa marche
générale, on reconnaîtra qu'il n'est nullement nécessaire de supposer qu'une
catastrophe universelle est venue tout culbuter et détruire une grande partie des
opérations de la nature.

1. Conditions
2. In time
3. In the course of time
4. *Say*: let us assume that
5. Gradually
6. Which have been reported
7. In the places where they have occurred
8. Provide an explanation

BERTHOLLET

Claude-Louis Berthollet (1748–1822) graduated in medicine and only later turned to chemistry. He supported Lavoisier's conclusions, although with some reservations, on the uniqueness of oxygen as an acidifying agent. In 1787 he collaborated with Lavoisier on the reform of the chemical nomenclature. During the revolution, he served on a number of technical committees, and taught chemistry at the Ecole Normale and Ecole Polytechnique. He followed Napoleon to Egypt and helped in the formation and running of the Cairo Institute. He then returned to France, becoming a Count of the Empire, and retaining his positions after the Bourbon Restoration. He had built at Arcueil, where he spent the closing years of his life, a superbly equipped laboratory which became famous as a centre frequented by leading scientists, whose proceedings were published as *Mémoires de la société d'Arcueil* (1807–17). Berthollet developed the theory of chemical affinity; his *Essai de statique chimique* is the first systematic study of the problems of chemical physics.

Chemical affinities

** Les puissances qui produisent les phénomènes chimiques sont toute dérivées de l'attraction mutuelle des molécules des corps à laquelle on a donné le nom d'affinité pour la distinguer de l'attraction astronomique.

Il est probable que l'une et l'autre ne sont qu'une seule et même propriété; mais comme l'attraction astronomique ne s'exerce[1] qu'entre des masses placées à une distance où la figure des molécules, leurs intervalles et leurs affections particulières n'ont aucune influence, ses effets, toujours proportionnés à la masse et à la raison inverse[2] du carré des distances, peuvent être rigoureusement soumis au calcul; les effets de l'attraction chimique ou de l'affinité sont, au contraire, tellement altérés par les conditions particulières et souvent indéterminées qu'on ne peut les déduire d'un principe général, mais qu'il faut les constater successivement. Il n'y a que quelques-uns de ces effets qui peuvent être dégagés de tous les autres phénomènes pour se prêter à la précision du calcul.[3]

C'est donc l'observation seule qui doit servir à constater les propriétés chimiques des corps, ou les affinités par lesquelles ils exercent une action réciproque dans une circonstance déterminée; cependant, puisqu'il est très vraisemblable que l'affinité ne diffère pas dans son origine de l'attraction générale, elle doit également être soumise aux lois que la mécanique a déterminées pour les phénomènes dus à l'action de la masse, et il est naturel de penser que plus les principes auxquels parviendra la théorie chimique auront de général-ité,[4] plus ils auront d'analogie avec ceux de la mécanique; mais ce n'est que par la voie de l'observation qu'ils atteindront à ce degré que déjà l'on peut indiquer.

1. As astronomical attraction exists only
2. Inverse ratio
3. To lend themselves to precise calculations
4. The broader the principles developed by chemical theory

LAPLACE

Pierre-Simon Laplace (1749–1827), like Lagrange, began his teaching career in a military school. D'Alembert obtained for him the position of professor of mathematics at the famed Ecole Militaire in Paris; he was not yet twenty. His first work dealt with the problem of planetary mean motions and helped to establish the stability of the solar system. He next turned his attention to a complete survey of the research that had been done so far on gravitation and produced his monumental *Mécanique céleste* in which the work of three generations of mathematicians was systematised to produce a detailed picture of the mechanics of the solar system. A clear and elegant stylist, he published his *Exposition du système du monde* in 1796, a work which can be claimed by literature as well as by astronomy. Similarly, his essay on probabilities, *Théorie analytique des probabilités*, which appeared in 1812, was followed by a more popular version in 1814, *Essai philosophique*, a clear and engaging exposition which served to confirm his fame and popularity even among those who lacked mathematical training.

The movement of stellar bodies

** Si pendant une belle nuit, et dans un lieu dont l'horizon est découvert, on suit avec attention le spectacle du ciel, on le voit changer à chaque instant. Les étoiles s'élèvent ou s'abaissent; quelques-unes commencent à se montrer vers l'orient, d'autres disparaissent vers l'occident; plusieurs, telles que l'étoile polaire et les étoiles de la grande Ourse, n'atteignent jamais l'horizon dans nos climats. Dans ces mouvements divers, la position respective de tous ces astres reste la même: ils décrivent des cercles d'autant plus petits qu'ils[1] sont plus près d'un point que l'on conçoit immobile. Ainsi le ciel paraît tourner sur deux points fixes nommés par cette raison pôles du monde, et dans ce mouvement il emporte[2] le système entier des astres. Le pôle élevé sur notre horizon est le pôle boréal ou septentrional; le pôle opposé, que l'on imagine au-dessous de l'horizon, se nomme pôle austral ou méridional.

Déjà plusieurs questions intéressantes se présentent à résoudre.[3] Que deviennent pendant le jour les astres que nous voyons durant la nuit? D'où viennent ceux qui commencent à paraître? Où vont ceux qui disparaissent? L'examen attentif des phénomènes fournit des réponses simples à ces questions. Le matin, la lumière des étoiles s'affaiblit à mesure que l'aurore augmente; le soir, elles deviennent plus brilliantes à mesure que le crépuscule diminue: ce n'est donc point parce qu'elles cessent de luire, mais parce qu'elles sont effacées par la vive lumière des crépuscules et du soleil, que nous cessons de les apercevoir. L'heureuse invention du télescope nous a permis de vérifier cette explication, en nous faisant voir les étoiles au moment même où le soleil est le plus élevé. Celles qui sont assez près du pôle pour ne jamais atteindre l'horizon sont constamment visibles. Quant aux étoiles qui commencent à se montrer à l'orient pour disparaître à l'occident, il est naturel de penser qu'elles continuent de décrire sous l'horizon le cercle qu'elles ont commencé à parcourir au-dessus et dont l'horizon nous cache la partie inférieure. Cette vérité devient sensible quand on s'avance vers le nord: les cercles des étoiles situées vers cette partie du monde se dégagent[4] de plus en plus de dessous l'horizon; ces étoiles cessent enfin de disparaître, tandis que d'autres étoiles situées au midi deviennent pour toujours invisibles. On observe le contraire en avançant vers le midi: des étoiles qui demeuraient constamment sur l'horizon se lèvent et se couchent alternativement, et de nouvelles étoiles, auparavant invisibles, commencent à paraître. La surface de la terre n'est donc pas ce qu'elle nous semble, un plan sur lequel la voûte céleste est appuyée. C'est une illusion que les premiers observateurs ne tardèrent pas à rectifier par des considérations analogues aux précédentes: ils reconnurent bientôt que le ciel enveloppe de tous côtés la terre, et que les étoiles y brillent sans cesse, en décrivant chaque jour leurs différents cercles. On verra dans la suite l'astronomie souvent occupée à corriger de semblables illusions, et à reconnaître les objets réels dans leurs trompeuses apparences.

Pour se former une idée précise du mouvement des astres, on conçoit par le centre de la terre et par les deux pôles du monde un axe autour duquel tourne la sphère céleste. Le grand cercle perpendiculaire à cet axe s'appelle équateur; les petits cercles que les étoiles décrivent parallèlement à l'équateur, en vertu de leur mouvement diurne, se nomment parallèles. Le zénith d'un observateur est le point du ciel que sa verticale va rencontrer; le nadir est le point directement opposé. Le méridien est le grand cercle qui passe par le zénith et les pôles: il partage en deux également l'arc décrit par les étoiles sur l'horizon, et lorsqu'elles l'atteignent, elles sont à leur plus grande ou à leur plus petite hauteur. Enfin, l'horizon est le grand cercle perpendiculaire à la verticale, ou parallèle à la surface de l'eau stagnante[5] dans le lieu de l'observateur.

1. Which are all the smaller as
2. It carries with it in this motion
3. Call for an answer
4. Emerge
5. Still water

CUVIER

Georges-Léopold Cuvier (1769–1832) was appointed assistant to the professor of comparative anatomy at the Muséum d'Histoire Naturelle in 1795. Four years later, he transferred to the Collège de France as professor of natural history, and in 1802 became titular professor at the Jardin des Plantes. This rapid advancement recognised the great talents of a savant who had published a *Tableau élémentaire de l'histoire naturelle des animaux* in 1798, a *Mémoires sur les espèces d'éléphants vivants et fossiles* in 1800, and his *Leçons d'anatomie comparée* in the same year, all widely acclaimed, all foreshadowing yet greater works, culminating in the *Règne animal distribué d'après son organisation* (1817). By linking paleontology with zoology, Cuvier made outstanding contributions to the classification and understanding of the animal kingdom. A man of wide interests and unflagging energy, he was chancellor of the Paris university, a peer of France, and president of the French Council of State.

Doubts on evolution

★ Pourquoi les races actuelles, me dira-t-on, ne seraient-elles pas des modifications de ces races anciennes que l'on trouve parmi les fossiles, modifications qui auraient été produites par des circonstances locales et le changement de climat, et portées à cette extrême différence par la longue succession des années?

Cette objection doit surtout paraître forte à ceux qui croient à la possibilité indéfinie de l'altération des formes dans les corps organisés, et qui pensent qu'avec des siècles et des habitudes toutes les espèces pourraient se changer les unes dans les autres ou résulter d'une seule d'entre elles.

Cependant, on peut leur répondre, dans leur propre système,[1] que si les espèces ont changé par degrés, on devrait trouver des traces de ces modifications graduelles; qu'entre le paléothérium et les espèces d'aujourd'hui l'on devrait découvrir quelques formes intermédiaires et que jusqu'à présent cela n'est point arrivé.

Pourquoi les entrailles de la terre n'ont-elles pas conservé les monuments d'une généalogie si curieuse, si ce n'est[2] parce que les espèces d'autrefois étaient aussi constantes que les nôtres, ou du moins parce que la catastrophe qui les a détruites ne leur a pas laissé le temps de se livrer à leurs variations.

The ichthyosaurus

* L'ichthyosaure était un reptile à queue médiocre[3] et à long museau pointu, armé de dents aiguës; deux yeux d'une grosseur énorme devaient donner à la tête un aspect tout à fait extraordinaire et lui faciliter la vision pendant la nuit. Il n'avait probablement aucune oreille extérieure, et la peau passait sur le tympan comme dans le caméléon et la salamandre sans même s'y amincir.

Il respirait l'air et non pas l'eau comme les poissons; ainsi il devait revenir souvent à la surface de l'eau. Néanmoins ses membres courts, plats, non divisés, ne lui permettaient que de nager, et il y a grande apparence qu'il ne pouvait pas même ramper sur le rivage autant que les phoques, mais que, s'il avait le malheur d'y échouer, il y demeurait immobile comme les baleines et les dauphins. Il vivait dans une mer où habitaient avec lui les mollusques qui nous ont laissé les cornes d'Ammon,[4] et qui, selon toutes les apparences, étaient des espèces de seiches ou de poulpes qui portaient dans leur intérieur (comme aujourd'hui le *Nautilus spirula*) ces coquilles spirales et si singulièrement chambrées; des térébratules, diverses espèces d'huitres abondaient aussi dans cette mer et plusieurs sortes de crocodiles en fréquentaient les rivages, si même[5] ils ne l'habitaient conjointement avec les ichthyosaures.

Alluvial deposits

** Les eaux qui tombent sur les crêtes et les sommets des montagnes, ou les vapeurs qui s'y condensent, ou les neiges qui s'y liquéfient, descendent par une infinité de filets[6] le long de leurs pentes; elles en enlèvent quelques parcelles, et y tracent par leur passage des sillons légers. Bientôt ces filets se réunissent dans les creux plus marqués dont la surface des montagnes est labourée;[7] ils s'écoulent par les vallées profondes et vont former ainsi les rivières et les fleuves qui reportent à la mer les eaux que la mer avait données à l'atmosphère. A la fonte des neiges, ou lorsqu'il survient un orage, le volume de ces eaux des montagnes subitement augmenté se précipite avec une vitesse proportionnée aux pentes; elles vont heurter avec violence le pied de ces croupes de débris qui couvrent les flancs de toutes les hautes vallées; elles entraînent avec elles les fragments déjà arrondis qui les composent; elles les émoussent, les polissent encore par le frottement; mais, à mesure qu'elles arrivent à des vallées plus unies où leur chute diminue, ou dans des bassins plus larges où il leur est permis de se répandre, elles jettent sur la plage les plus grosses de ces pierres qu'elles roulaient; les débris plus petits sont déposés plus bas, et il n'arrive guère au grand canal[8] de la rivière que les parcelles les plus menues, ou le limon le plus imperceptible. Souvent même le cours de ces eaux, avant de former le grand fleuve inférieur, est obligé de traverser un lac vaste et profond, où leur limon se dépose, et d'où elles ressortent limpides.

Mais les fleuves inférieurs et tous les ruisseaux qui naissent des montagnes plus basses, ou des collines, produisent aussi dans les terrains qu'ils parcourent des effets plus ou moins analogues à ceux des torrents des hautes montagnes. Lorsqu'ils sont gonflés par de grandes pluies, ils attaquent le pied des collines terreuses ou sableuses qu'ils rencontrent dans leur cours, et en portent les débris sur les terrains bas qu'ils inondent, et que chaque inondation élève d'une quantité quelconque:[9] enfin, lorsque les fleuves arrivent aux grands lacs ou à la mer, et que cette rapidité qui entraînait les parcelles de limon cesse tout à fait, ces parcelles se déposent aux côtés de l'embouchure; elles finissent par y former des terrains qui prolongent la côte de sable.[10] Il se crée ainsi des provinces, des royaumes entiers, ordinairement les plus fertiles et bientôt les plus riches du monde.

1. Within their own system of argumentation
2. Unless it be
3. Of middling size
4. Which left us the Ammonite shells
5. Even assuming
6. Trickles
7. Which score the . . .
8. The main channel
9. Which each successive flood raises to some extent
10. The sandy coast [*la côte*, not *le côté*]

GEOFFROY SAINT-HILAIRE

Etienne Geoffroy Saint-Hilaire (1772–1844), if he discovered little that has remained uncontested, was one of those men whose generosity, courage and enthusiasm ensure for them a lasting place in the scientific pantheon. At first destined for the church, and compelled by his family to study law as a kind of compromise, he turned to science, studying medicine, mineralogy with Haüy, and the natural sciences at the Jardin des Plantes. In 1792, his friends and teachers were arrested by the revolutionaries, and the twenty-year-old student worked to facilitate their release or escape until exhaustion and illness stopped him. Appointed professor of zoology at the Muséum d'Histoire Naturelle in 1793, he helped and collaborated with Cuvier. In 1798, he joined the group of scientists who accompanied Napoleon to Egypt, and after successfully carrying out a number of difficult scientific missions was named professor of zoology at the Sorbonne. His chosen field was anatomical study; he published his famous *Philosophie anatomique* between 1818 and 1822, *Sur le principe de l'unité de composition organique* in 1828, and, jointly with Georges Cuvier's younger brother Frédéric, *Histoire naturelle des mammifères* (1820–42). His religious training was probably responsible for his view that created forms are invariable, accepting little more than a shifting of the balance in animal composition.

A pioneer of zoology

★ A mon début dans le professorat, en 1793, il n'y avait à Paris aucun enseigne-ment de zoologie. Tenu de tout créer, j'ai acquis les premiers éléments de l'histoire naturelle des animaux, en rangeant et en classant les collections confiées à mes soins. Cependant, pour être définitivement fixé sur le meilleur système de classification que j'aurais à suivre, j'ai eu d'abord à me rendre compte[1] de la valeur des *caractères*; c'est-à-dire à rechercher, par des essais longs et pénibles, ce que ces caractères m'offraient de constant et d'utile en différences propres à servir[2] à la distinction des êtres. Or, de chaque séance que je faisais journellement dans les cabinets du Jardin du Roi, je recevais une impression qui, se reproduisant toujours la même, me porta à cette vue: que tant d'animaux que je tenais pour différents, et qu'en leur imposant un nom spécifique je traitais comme distincts, ne différaient cependant que par quelques légers attributs.

Balance in animal composition

*** Le degré de développement d'un organe dépend de ce qui se passe auprès de lui: si tout son entourage est dans une tenue habituelle,[3] il reste petit et végète dans un état peu éloigné d'un organe rudimentaire; mais si au contraire les organes de son voisinage, dominés par des influences étrangères, sont eux-mêmes frappés d'amaigrissement, ces circonstances sont pour lui une bonne fortune qu'il met à profit: le fluide nourricier qui dans cette région n'a plus guère que les canaux de cet organe pour issue,[4] s'y répand presque exclusivement, le développe et le porte bientôt à un volume qui dépasse quelquefois de beaucoup les limites qui lui sont prescrites quand il est dans sa position normale.

C'est arrivé à ce point qu'il devient[5] très intéressant de considérer un tel organe dans la même classe d'animaux; on peut d'avance être assuré que c'est lui qui y donnera le caractère distinctif de chaque genre parce que, du moment où il a dépassé les limites du développement normal, il a changé de rôle, et que de dominé qu'il était[6] alors qu'il restait en deçà de ce développement, il devient dominateur à son tour, et place tous les organes de son entourage dans le cas de la subordination. Ainsi les phalanges de la main chez les Chauves-Souris, ayant dépassé, de la manière la plus extraordinaire, les limites de l'état normal de ces parties chez les autres Onguiculés, exercent l'influence la plus marquée, une influence proportionnée sur toute l'économie des Mammifères ailés. C'est en s'appuyant sur les principes de cette théorie que la zoologie donnera un jour à ses lois de la subordination des caractères toute la précision et la rigueur qu'elles n'ont point encore obtenues.

1. I had first of all to ascertain
2. In the way of difference that could serve
3. Maintains itself in accordance with its normal pattern
4. Has little alternative but to follow the ducts of this organ
5. It is when one reaches this point that it becomes
6. Forsaking its former inferior position

AMPÈRE

The early life of André-Marie Ampère (1775–1836) was marked by tragedy. His father, a minor magistrate of Lyons, was put to death during the Revolution and his mother died in 1804 after a long illness. Ampère sought oblivion in his work. He taught chemistry and physics in Bourg, and became professor of mathematics at the Ecole Polytechnique in Paris in 1809. He specialised in the problem of electro-magnetism or, as he termed it, electro-dynamism. His name has been immortalised in the 'amp', the practical unit of electric current, and the ampere meter, or ammeter, for measuring electric current. His wider interests are exemplified by his outstanding *Essai sur la philosophie des sciences*, and the simplicity and charm of his character are apparent in his delightful *Journal et correspondance* published in 1872.

Electro-magnetism

** L'histoire des Sciences nous offre des époques marquées par des découvertes fécondes qui amènent à leur suite une multitude d'autres découvertes. Telle fut à la fin du dernier siècle, celle où Volta inventa l'instrument que la juste reconnaissance du monde savant a consacré à son auteur[1] en lui donnant le nom de pile voltaïque.

Cet instrument est composé d'un certain nombre de plaques de deux métaux différents, qui alternent entre elles et avec une substance liquide, de manière que, d'une extrémité de l'appareil à l'autre, les deux métaux et le liquide se suivent toujours dans le même ordre.

La première et la dernière plaque portent chacune un fil métallique: tant que[2] ces fils restent séparés, ils présentent tous les caractères des corps électrisés; mis en contact avec un corps susceptible de décomposition, leur action devient un des plus puissants moyens d'analyse, et la chimie doit à ce moyen de nouvelles substances et des idées plus justes sur la nature des principaux matériaux du globe que nous habitons; enfin lorsque ces deux fils sont intimement unis, les phénomènes purement électriques et les phénomènes chimiques disparaissent, mais l'électricité qui parcourt alors les fils d'un mouvement continu[3] avec une inconcevable rapidité manifeste son activité par de nouveaux effets qui ne sont pas moins remarquables. L'élévation de la température de ces fils, leur incandescence, leur combustion étaient les seuls qu'on eût remarqués quand M. Oersted,[4] en découvrant que les mêmes fils exercent, dans ce cas, un nouveau genre d'action, différent à tous égards des attractions et des répulsions produites par l'électricité ordinaire, a pour jamais attaché son nom à une nouvelle époque qui sera peut-être marquée dans l'histoire des sciences par des résultats aussi nombreux et aussi importants que ceux qu'elles ont dûs à la découverte de Volta.

On donne ordinairement à ce nouveau genre d'action le nom d'*action électro-magnétique*, parce que, dans le premier exemple d'une telle action, celui qu'a observé M. Oersted, elle s'exerce entre un aimant et le fil conducteur de l'électricité qui joint les deux extrémités de la pile.

The heart of mathematics

★★ J'ai trouvé que le caractère d'après lequel on doit définir les sciences mathé-mathiques consiste en ce qu'elles n'empruntent à l'observation que des idées de grandeur et des mesures; et qu'on ne dise pas,[5] comme on ne l'a fait que trop souvent, qu'uniquement fondées sur des abstractions, les sciences mathé-mathiques proprement dites n'empruntent absolument rien à l'observation. Est-ce que nous aurions même l'idée de nombre, si nous n'avions pas compté des objets en y appliquant successivement notre attention, et est-ce que cela n'est pas observer le nombre de ces objets? De même c'est à l'observation des formes des corps, ou à celle des figures qu'on en trace lorsqu'on veut les représenter, que nous devons toutes les idées sur lesquelles repose la géométrie.

1. *Say:* Whose inventor the grateful world of science has honoured
2. For as long as
3. Which then travels along the wires in a continuous flow
4. Hans Christian Oersted (1777–1851), who first discovered magnetic field currents
5. Let it not be said

THÉNARD

When Louis-Jacques Thénard was born, the son of a poor peasant, in the year 1777, there seemed little likelihood that he could ever rise out of the depressed social class to which he belonged. But various circumstances—his father's devotion and sacrifices, the Revolution, an enlightened and sympathetic employer—enabled the gifted boy to develop his talents as a chemist. At the age of twenty-four he succeeded his master, Vauquelin, in the chair of chemistry at the Collège de France. Later he held a similar position at the Ecole Polytechnique and at the University of Paris. He became a member of the Academy, a deputy, and a member of the council of education. When he died, in 1857, the villagers of Louptière paid him the homage of renaming his native village Louptière-Thénard.

His *Traité de chimie élémentaire* remained a standard textbook for nearly a quarter of a century and did much to advance the cause of chemistry at a crucial period in its history. An early result of his research was 'Thénard's blue', developed in 1799 as an inexpensive, heat-resisting colouring matter. His other work includes research on organic phosphorous compounds and bile, and the discovery of peroxide of hydrogen.

Analytical chemistry

★★ Cette partie de la chimie, inconnue pour ainsi dire il y a soixante ans[1] a fait depuis cette époque, et surtout depuis une trentaine d'années, d'immenses progrès qui sont dûs aux instruments que l'on est parvenu à se procurer,[2] à l'adresse avec laquelle on les a maniés, à la fidélité des réactifs dont on a fait usage, aux lois que l'on a découvertes, à la précision que l'on a mis dans toutes les opérations, précision dont Lavoisier a donné, le premier, l'exemple.

Il était rare autrefois, quand on parvenait à connaître les principes constituants d'un corps, d'en déterminer la proportion à un dixième près;[3] aujourd'hui les erreurs que l'on commet ne vont presque jamais au delà d'un centième, à moins que les principes ne soient nombreux.

Il semble d'abord qu'il suffise de connaître toutes les propriétés des corps pour analyser ceux-ci: cependant l'on serait fort embarrassé si, ne s'étant jamais occupé d'analyse,[4] il fallait faire celle d'un composé, même peu compliqué. A quelles épreuves le soumettre? Comment parvenir à connaître le nombre des substances différentes qu'il contient? Comment les reconnaître, et quand on les aura reconnues, comment les séparer et reconnaître la quantité de chacune d'elles? Ce sont autant de questions dont on ne peut trouver la solution si l'on n'est pas guidé dans la marche qu'il est nécessaire de suivre. On sent combien serait précieux un traité où elle serait fidèlement tracée.

1. Practically unknown sixty years ago
2. We have been able to obtain
3. To within one tenth
4. Having never carried out an analysis

GAY-LUSSAC

Joseph-Louis Gay-Lussac (1778–1850) worked as a young man with Claude Berthollet and Antoine Fourcroy. He held the chair of chemistry at the Ecole Polytechnique, of physics at the Sorbonne and, later, of chemistry at the Paris Jardin des Plantes. Like a number of other scientists of his day he was a member of Parliament, representing his native district of Haute-Vienne. He held a number of advisory posts—member of the consultative committee on arts and manufactures, adviser to the Administration des Poudres et Salpêtres, assayer to the mint—and was frequently consulted by various sectors of industry.

His fame rests on his work on gases. His earliest paper, published in 1802, dealt with the problem of expansion. In 1809 his memoir on gaseous combination expounded what has become known as Gay-Lussac's Law—that the volume of any gaseous product formed by combination bears a simple ratio to that of its constituents; he played a significant role in the discovery that the coefficient of expansion is approximately the same for all gases. But his work includes also research on fermentation, on the preparation of potassium (with Louis Thénard), on boric acid, chlorine, iodine, which he showed to be an element, and prussic acid. His most spectacular research was done in balloons in 1804: he ascended alone up to 23,000 feet to carry out experiments on magnetism, and on the composition and temperature of air at different altitudes. His name is commemorated in the sodium carbonate gaylussite, and in Gaylussaccia, the scientific name for the huckleberry.

Gaseous combination

** Les combinaisons des substances gazeuses, les unes avec les autres, se font toujours dans les rapports les plus simples, et tel qu'en représentant[1] l'un des termes par l'unité, l'autre est 1 ou 2 ou au plus 3. Ces rapports de volume ne s'observent point dans les substances solides ou liquides, ou lorsqu'on considère les poids; et ils sont une nouvelle preuve que ce n'est effectivement qu'à l'état gazeux que les corps sont placés dans les mêmes circonstances et qu'ils présentent des lois régulières. Il est remarquable de voir que le gaz ammonical neutralise exactement un volume semblable au sien[2] des acides gazeux, et il est probable que si les acides et les alcalis étaient à l'état élastique, ils se combineraient tous, à volume égal, pour produire des sels neutres. La capacité de saturation des acides et des alcalis, mesurée par les volumes, serait donc la même, et ce serait

Georges Cuvier

André-Marie Ampère

Joseph-Louis Gay-Lussac

peut-être la vraie manière de l'évaluer. Les contractions apparentes de volume qu'éprouvent les gaz[3] en se combinant ont aussi des rapports simples avec le volume de l'un d'eux, et cette propriété est encore particulière aux substances gazeuses.

Iodine

* L'iode, à l'état solide, est d'un gris noir; mais sa vapeur est d'un très beau violet; son odeur est exactement celle du chlore, affaiblie. Il se présente souvent en paillettes semblables à celles du fer micacé, quelquefois en lames rhomboïdales très larges et très brillantes; je l'ai obtenu en octaèdres allongés d'environ un centimètre de longueur. Sa cassure, quand il est en masse, est lamelleuse et a un aspect gras: il est très tendre et friable et on peut le porphyriser. Sa saveur est très âcre, quoique sa solubilité soit extrêmement faible: il tache profondément la peau en jaune-brun très foncé; mais cette couleur se dissipe peu à peu. Comme le chlore, il détruit les couleurs végétales, quoique avec beaucoup moins d'intensité. L'eau en dissout environ un sept-millième de son poids, et se colore en jaune-orangé.

1. In such a way that if we take . . . (as being)
2. To its own
3. Which gases undergo

F

ARAGO

Dominique-François-Jean Arago (1786–1853) was the eldest of four gifted brothers, one of whom became a general in the Mexican army, the other two devoting themselves to literature. François became secretary to the Paris observatory, and succeeded Lalande in the chair of analytical geometry at the Ecole Polytechnique when only twenty-three. Politics claimed him from 1830 when he entered parliament. In 1848 he was appointed minister of war and marine, a position which enabled him to carry out far-reaching reforms, including the abolition of flogging in the navy and of slavery in the colonies. These activities did not prevent him from scientific research, particularly in magnetism and optics. He constructed a polariscope for the observation of the polarisation in quartz. He shared his brothers' literary ability, and his writings are lively and voluminous.

An eclipse of the sun

★★ Fontenelle nous dit qu'en l'année 1654, sur la simple annonce d'une éclipse totale,[1] une multitude d'habitants de Paris allèrent se cacher au fond des caves. Grâce au progrès des sciences, l'éclipse totale de 1842 a trouvé le public dans des dispositions bien différentes de celles qu'il manifesta pendant l'éclipse de 1654. Une vive et légitime curiosité a remplacé des craintes puériles.

Les populations des plus pauvres villages des Pyrénées et des Alpes se transportèrent en masse sur les points culminants d'où le phénomène devait être le mieux aperçu; elles ne doutaient pas, sauf quelques rares exceptions, que l'éclipse n'avait été exactement annoncée; elles la rangeaient parmi les événements naturels, réguliers, calculables, dont le simple bon sens commandait de ne point s'inquiéter.

A Perpignan, les personnes gravement malades étaient seules restées dans leurs chambres. La population couvrait, dès le grand matin,[2] les terrasses, les ramparts de la ville, tous les monticules extérieurs d'où l'on pouvait espérer voir le lever du soleil. A la citadelle, nous avions sous les yeux, outre des groupes nombreux de citoyens établis sur les glacis, les soldats qui, dans une vaste cour, allaient être passés en revue.

L'heure du commencement de l'éclipse approchait. Près de vingt mille personnes examinaient, des verres enfumés à la main, le globe radieux se projetant sur[3] un ciel d'azur. A peine,[4] armés de nos fortes lunettes, commencions-

nous à apercevoir la petite échancrure du bord occidental du soleil, qu'un cri immense, mélange de vingt mille cris différents, vint nous avertir que nous
avions devancé, seulement de quelques secondes, l'observation faite à l'oeil nu
par vingt mille astronomes improvisés dont c'était le coup d'essai.[5] Une vive
curiosité, l'émulation, le désir de ne pas être prévenu, semblaient avoir eu le
privilège de donner à la vue naturelle une pénétration, une puissance inusitées.

Entre ce moment et ceux qui précédèrent de très peu la disparition totale de
l'astre, nous ne remarquâmes dans la contenance de tant de spectateurs rien qui
mérite d'être rapporté. Mais, lorsque le soleil, réduit à un étroit filet, commença
à ne plus jeter sur notre horizon qu'une lumière très affaiblie, une sorte d'inquiétude s'empara de tout le monde; chacun éprouvait le besoin de communiquer
ses impressions à ceux dont il était entouré. De là[6] un mugissement sourd,
semblable à celui d'une mer lointaine après la tempête. La rumeur devenait de
plus en plus forte à mesure que le croissant solaire s'amincissait. Le croissant
disparut enfin, les ténèbres succédèrent subitement à la clarté, et un silence
absolu marqua cette phase de l'éclipse, tout aussi nettement que l'avait fait le
pendule de notre horloge astronomique. Le phénomène, dans sa magnificence,
venait de triompher de la pétulance de la jeunesse, de la légèreté que certains
hommes prennent pour un signe de supériorité, de l'indifférence bruyante dont
les soldats font ordinairement profession.[7] Un calme profond régna aussi dans
l'air, les oiseaux avaient cessé de chanter.

1. Merely because a total eclipse had been predicted
2. From an early hour
3. Standing out against
4. *Say:* Hardly had we
5. Whose first attempt this was
6. From this arose
7. Which soldiers ordinarily display

FRESNEL

Augustin-Jean Fresnel (1788–1827) studied at the Ecole Polytechnique and at the more specialist Ecole des Ponts et Chaussées. He qualified as an engineer and worked in various provincial towns before taking up a position in Paris after the fall of Napoleon. He had by then already begun his work on the aberration of light (the theory of the dragging co-efficient). Applying mathematical analysis to the problem of the interference of light, and by practical tests, he laid the foundation for the wave theory. His studies on polarised rays led to his development of 'Fresnel's rhomb', to obtain circularly polarised light. He pioneered the use of compound lenses in lighthouses, instead of the then generally-used mirrors.

On polarisation

*** Ce n'est pas seulement par son passage au travers d'un cristal qui la divise en deux faisceaux distincts, que la lumière reçoit cette singulière modification; elle peut encore être polarisée par la simple réflexion sur la surface des corps transparents, ainsi que Malus[1] l'a observé le premier. Si l'on fait tomber sur une glace non étamée un faisceau de lumière directe sous une obliquité de 35° environ, comptés à partir de la surface, et qu'on place un rhomboïde de spath calcaire sur le trajet du rayon réfléchi, on remarque que les deux faisceaux dans lesquels il se divise en traversant le cristal ne sont d'égale intensité que lorsque la section principale du rhomboïde fait un angle de 45° avec le plan de réflexion, et que, pour toutes les autres directions de la section principale, les intensités des images sont inégales: cette inégalité est d'autant plus sensible que la section principale s'écarte plus de l'angle de 45°;[2] et enfin, lorsqu'elle est parallèle ou perpendiculaire au plan d'incidence, l'une des deux images s'évanouit: c'est l'image extraordinaire dans le premier cas, et l'image ordinaire dans le second. On voit que la lumière réfléchie sur le verre, sous l'inclinaison de 35°, se comporte précisément comme le faisceau ordinaire sorti d'un rhomboïde dont la section principale aurait été dirigée dans le plan de réflexion. On dit du faisceau réfléchi qu'*il est polarisé dans le plan de réflexion*, et pareillement du faisceau ordinaire sorti d'un rhomboïde de spath calcaire, qu'il est polarisé dans le plan de la section principale de ce cristal; on doit donc dire aussi que le faisceau extraordinaire est polarisé perpendiculairement à la section principale, puisqu'il présente dans ce sens les mêmes propriétés que le faisceau ordinaire dans le plan de la section principale.

La polarisation complète de la lumière s'opère par réflexion à la surface de l'eau sous l'inclinaison de 37°, et en général, à la surface des corps transparents sous une incidence telle que le rayon réfléchi soit perpendiculaire au rayon réfracté.

1. Etienne-Louis Malus (1775–1812), discoverer of the polarisation of light by reflection
2. Is more noticeable as the main section deviates from a 45° angle

LE VERRIER

Urbain-Jean-Joseph Le Verrier (1811–77), a Norman by birth, began life as a chemist, doing research on tobacco, but at the age of twenty-six switched to astronomy, which he taught at the Ecole Polytechnique. He devoted himself to the continuation of Laplace's work on celestial mechanics. In the course of this work, he turned his attention to the planet Uranus, whose deviation could not be explained in terms of Laplace's *Mécanique*. In 1845 he showed that the perturbations could only be explained by the presence of an unknown planet. He calculated the likely position of this planet and communicated this information to J. G. Galle at the Berlin observatory. Galle discovered the planet within one degree of the position assigned to it by Le Verrier's calculations. It was named Neptune. It was subsequently established that Joseph Lalande, professor of astronomy at the Collège de France, had observed Neptune in 1795 but had failed to recognise it as a new planet. Le Verrier was appointed director of the Paris Observatory in 1854, in which year he also established that the paths of storms could be traced, and therefore predicted, by daily telegraphic reports from a number of weather stations, a conclusion out of which grew the weather chart and the modern system of weather forecasts.

The discovery of Neptune

★★ Je ne m'arrêterai pas à[1] cette idée que les lois de la gravitation pourraient cesser d'être rigoureuses à la distance du soleil où circule Uranus. Ce n'est pas la première fois que, pour expliquer les anomalies dont on ne pouvait rendre compte,[2] on s'en est pris au principe de la gravitation. Mais on sait aussi que ces hypothèses ont toujours été anéanties par un examen plus profond des faits. L'altération des lois de la gravitation serait une dernière ressource à laquelle il ne serait permis d'avoir recours qu'après avoir épuisé les autres causes, et les avoir reconnues impuissantes à produire les effets observés . . .

Les inégalités particulières d'Uranus seraient-elles dues à un gros satellite qui accompagnerait la planète? Ces inégalités affecteraient alors[3] une très courte période, et c'est précisément le contraire qui résulte des observations. D'ailleurs le satellite dont on suppose l'existence devrait être très gros et n'aurait pu échapper aux observateurs.

Serait-ce donc une comète qui aurait, à une certaine époque, changé brusquement l'orbite d'Uranus? Mais la période des observations de cette planète de

1781 à 1820 pourrait se lier naturellement, soit à la série des observations antérieures, soit à la série des observations postérieures; or, elle est incompatible avec l'une et l'autre.

Il ne nous reste ainsi d'autre hypothèse à essayer que celle d'un corps agissant d'une manière continue sur Uranus, et changeant son mouvement d'une manière très lente. Ce corps, d'après ce que nous connaissons de la constitution de notre système solaire, ne saurait être qu'une planète encore ignorée.

The forecasting of storms

* Par la liaison, au moyen de la télégraphie électrique, des diverses stations où se font des observations météorologiques, on pourra connaître à chaque instant le sens et la vitesse de la propagation des tempêtes, et l'on pourra annoncer plusieurs heures à l'avance, sur nos côtes, la plupart des coups de vent,[4] et spécialement les plus dangereux; car l'histoire des naufrages nous fait savoir que la presque totalité de ces événements a lieu par des vents qui poussent à la côte,[5] et l'on sait que presque tous les ouragans se propagent par aspiration, c'est-à-dire dans la direction d'où[6] ils soufflent. Les vents qui poussent à la côte, se faisant ainsi et presque toujours sentir dans l'intérieur avant de souffler sur le rivage, pourraient donc être annoncés. Les barques des pêcheurs éviteraient de s'éloigner ou rentreraient avant la tempête; les marins prêts à appareiller resteraient dans les ports jusqu'à ce que l'ouragan qui les menacerait serait passé et les naufrages sur les côtes de France deviendraient plus rares.

1. I will not dwell on
2. That one could not explain
3. Would occur in that case during
4. Sudden gales
5. Shoreward winds
6. Whence

BERNARD

Claude Bernard (1813–78), after an unlikely beginning as a dramatic author, was persuaded to turn to medicine, and showed so much aptitude that he was eventually chosen as the first occupant of the chair of physiology at the Sorbonne. Napoleon III provided him with a much-needed laboratory, and later established a professorship for him at the Muséum d'Histoire Naturelle. Bernard's well-deserved reputation rests on his work on the pancreas gland, the glycogenic function of the liver, and his discovery of the vaso-motor system. But it is his scientific approach, lucidly explained in his *Introduction à la médecine expérimentale* (1865), which excited admiration and caught the public imagination in a century when science was revealing itself to a fascinated 'grand public'.

Experimentation and observation

* Dès le moment où le résultat de l'expérience se manifeste, l'expérimentateur se trouve en présence d'une véritable observation qu'il a provoquée et qu'il peut constater, comme toute observation, sans idée préconçue. L'expérimentateur doit alors disparaître et se transformer en observateur. L'expérimentateur pose des questions à la nature; mais dès qu'elle parle, il doit se taire.

Il y a donc deux opérations à considérer dans une expérience: la première consiste à préméditer et à réaliser les conditions de l'expérience; la deuxième, à constater les résultats de l'expérience. Il n'est pas possible d'instituer une expérience sans une idée préconçue; instituer une expérience, c'est poser une question; on ne conçoit jamais une question sans l'idée qui sollicite la réponse.

Ceux qui ont condamné l'emploi des hypothèses dans la méthode expérimentale ont eu le tort de confondre[1] l'invention de l'expérience avec la constatation de ses résultats. Il est vrai de dire qu'il faut constater les résultats de l'expérience avec un esprit dépouillé d'idées préconçues. Mais il faudrait bien se garder de proscrire l'usage de l'hypothèse et des idées quand il s'agit d'instituer l'expérience. C'est l'idée qui est le principe de tout raisonnement et de toute invention. C'est à elle que revient toute espèce d'initiative.

En résumé:[2] 1° le savant constate un fait; 2° à propos de ce fait, une idée naît dans son esprit; 3° en vue de cette idée, il raisonne, institue une expérience, en imagine et en réalise les conditions; 4° de cette expérience naissent[3] de nouveaux phénomènes qu'il faut observer; et ainsi de suite.

The essence of discovery

*** Les hommes qui ont le pressentiment des vérités nouvelles sont rares; dans toutes les sciences, le plus grand nombre des hommes développe et poursuit les idées d'un petit nombre d'autres. Ceux qui font des découvertes sont les promoteurs d'idées neuves et fécondes. On donne généralement le nom de découverte à la connaissance d'un fait nouveau; mais je pense que c'est l'idée qui se rattache au fait découvert qui constitue en réalité la découverte. Les faits ne sont ni grands ni petits par eux-mêmes. Une grande découverte est un fait qui, en apparaissant dans la science,[4] a donné naissance à des idées lumineuses, dont la clarté a dissipé un grand nombre d'obscurités et montré des voies nouvelles. Il y a d'autres faits qui, bien que nouveaux, n'apprennent que peu de choses; ce sont alors de petites découvertes. Enfin il y a des faits nouveaux qui, quoique bien observés, n'apprennent rien à personne;[5] ils restent, pour le moment, isolés et stériles dans la science; c'est ce qu'on pourrait appeler le fait brut ou le fait brutal.

La découverte est donc *l'idée neuve* qui surgit à propos d'un fait trouvé par hasard ou autrement. Par conséquent, il ne saurait y avoir[6] de méthode pour faire des découvertes, parce que les théories philosophiques ne peuvent pas plus[7] donner le sentiment inventif et la justesse de l'esprit à ceux qui ne les possèdent pas, que la connaissance des théories acoustiques ou optiques ne peut donner une oreille juste ou une bonne vue à ceux qui en sont naturellement privés. Seulement les bonnes méthodes peuvent nous apprendre à développer ou à mieux utiliser les facultés que la nature nous a dévolues, tandis que les mauvaises méthodes peuvent nous empêcher d'en tirer un heureux profit. C'est ainsi que le génie de l'invention, si précieux dans les sciences, peut être diminué ou même étouffé par une mauvaise méthode, tandis qu'une bonne méthode peut l'accroître et le développer. En un mot, une bonne méthode favorise le développement scientifique et prémunit le savant contre les causes d'erreurs si nombreuses qu'il rencontre dans la recherche de la vérité; c'est là le seul objet que puisse se proposer la méthode expérimentale.[8]

Statistics and medicine

** La statistique ne saurait enfanter que les sciences conjecturales; elle ne produira jamais les sciences actives et expérimentales, c'est-à-dire les sciences qui règlent[9] les phénomènes d'après les lois déterminées. On obtiendra par la statistique une conjecture avec une probabilité plus ou moins grande, sur un cas donné, mais jamais une certitude, jamais une détermination absolue. Sans doute la statistique peut guider le pronostic du médecin, et en cela elle lui est utile. Je ne repousse donc pas[10] l'emploi de la statistique en médecine, mais je blâme qu'on ne cherche pas à aller au-delà et qu'on croie que la statistique doive servir de base à la science médicale; c'est cette idée fausse qui porte certains médecins à penser que la médecine ne peut être que conjecturale, et ils en concluent que le médecin est un artiste qui doit suppléer à l'indéterminisme des cas particuliers par son génie, par son tact médical. Ce sont là des idées antiscientifiques contre lesquelles il faut s'élever de toutes ses forces,[11] parce que ce sont elles qui contribuent à faire croupir la médecine dans l'état où elle est depuis si longtemps. Toutes les sciences ont nécessairement commencé par être conjecturales. La médecine est encore presque partout conjecturale, je ne le nie pas; mais je veux dire seulement que la science moderne doit faire ses efforts pour sortir de cet état provisoire qui ne constitue pas un état scientifique définitif, pas plus pour la médecine que pour les autres sciences. L'état scientifique sera long à se constituer[12] et plus difficile en médecine à cause de la complexité des phénomènes; mais le but du médecin savant est de ramener dans sa science comme dans toute les autres l'indéterminé au déterminé. La statistique ne s'applique donc qu'à des cas dans lesquels il y a encore indétermination dans la cause du phénomène observé. Dans ces circonstances, la statistique ne peut servir, suivant moi, qu'à diriger l'observateur vers la recherche de cette cause indéterminée, mais elle ne peut jamais conduire à aucune loi réelle. J'insiste sur ce point, parce que beaucoup de médecins ont grande confiance dans la statistique, et ils croient que, lorsqu'elle est établie sur des faits bien observés qu'ils considèrent comme comparables entre eux, elle peut conduire à la connaissance de la loi des phénomènes. J'ai dit plus haut que jamais les faits ne sont identiques, dès lors[13] la statistique n'est qu'un dénombrement empirique d'observations.

---

1. Have mistakenly confused
2. To sum up
3. Out of this experiment are born
4. Making its appearance within science
5. Bring no new knowledge to anyone
6. There could hardly exist
7. Can no more . . . than . . .
8. Which experimental method can . . .
9. Set out
10. I therefore do not reject
11. Which one must oppose with the utmost determination
12. The scientific frame of mind will be slow to triumph
13. Consequently

DEVILLE

Although the University of Besançon was founded in 1287, its faculty of science was organised in 1844 by Etienne-Henri Sainte-Claire Deville (1818–81). Born in the British West Indies where his father was French consul, Deville had graduated both as doctor of medicine and as doctor of science. He taught chemistry, at Besançon, also acting as dean, until 1851 when he returned to Paris. He obtained the chair of chemistry at the Sorbonne in 1859, replacing the famous chemist Dumas who himself had succeeded Gay-Lussac.

His best-known work was on reversible reactions, which led him to the development of the 'Deville hot-and-cold tube'. He obtained (and named) toluene by the distillation of tolu balsam, discovered nitrogen pentoxide, and worked on the large-scale production of aluminium by the use of sodium instead of potassium, a method which remained in general use until the advent of the electrolytic process.

Aluminium

★ Je ne doute pas aujourd'hui que l'aluminium ne devienne[1] tôt ou tard un métal usuel. Depuis que j'en ai manié des quantités considérables, j'ai pu vérifier l'exactitude de toutes les assertions rapportées dans le premier mémoire que j'ai publié sur ce sujet. Bien plus, son inaltérabilité et son innocuité parfaites ont pu être expérimentées, et l'aluminium a subi ces épreuves mieux encore que je ne pouvais le prévoir. Ainsi, on peut fondre ce métal dans le nitre, chauffer les deux matières en contact jusqu'au rouge vif, température à laquelle le sel est en pleine décomposition, et, au milieu de ce dégagement d'oxygène, l'aluminium ne s'altère pas; il peut être également fondu dans le soufre, dans le sulfure de potassium, sans altération sensible. Résistant parfaitement bien à l'action de l'acide nitrique, de l'acide sulfhydrique, et en cela supérieur même à l'argent, il se rapproche[2] de l'étain, quand on le met au contact de l'acide chlorhydrique et des chlorures. Mais son innocuité absolue en permettra l'emploi dans une foule de cas où l'étain présente des inconvénients, à cause de la facilité avec laquelle ce métal est dissous dans les acides organiques. Du reste, on a peu étudié le degré de résistance que les métaux que nous employons le plus fréquemment opposaient à nos agents les plus communs.

Reversible reactions

* On prend un ballon à densité de vapeur,[3] très propre, et porté au rouge sombre pour y détruire toutes les poussières adhérentes aux parois. Dans ce ballon refroidi,[4] on introduit une petite quantité d'iodure de mercure rouge distillé et on chauffe très lentement, à la flamme d'un bec de Bunsen de grande dimension, le ballon qu'on tourne constamment entre ses doigts en le tenant par le col allongé.

L'iodure rouge devient jaune, fond en un liquide brun, se volatilise en donnant une vapeur incolore, et, si l'on continue à chauffer, on aperçoit bientôt la couleur violette et caractéristique de l'iode, qui indique une décomposition seulement partielle aux grandes températures que le verre peut supporter. On démontre que cette décomposition n'est que partielle en faisant chauffer en même temps, dans un ballon semblable et sur une lampe Bunsen de même dimension, une quantité équivalente d'iode, dont la coloration violette et fort intense donne une mesure approchée[5] du phénomène de décomposition qui s'est produit dans le ballon voisin.

Quant à celui-ci,[6] c'est-à-dire celui qui contient l'iodure de mercure dissocié, on le retire de la flamme et on le laisse refroidir. Peu à peu la teinte violette disparaît; l'iode et le mercure se recombinent, la vapeur devient incolore, puis se condense lentement en un liquide brun qui se solidifie en cristaux d'un beau jaune. En laissant tomber sur cette matière jaune un cristal d'iodure rouge, et en agitant, la transformation s'effectue brusquement, et l'iodure jaune prend rapidement la teinte rouge qui correspond à son état définitif à la température ordinaire.

C'est une charmante expérience, que je recommande aux professeurs qui veulent donner à leurs élèves une représentation frappante des changements d'état les plus variés qu'un corps puisse affecter[7] sous l'influence de la chaleur et du phénomène de la dissociation.

1. Will become
2. It is not unlike
3. Pycnometer
4. After it has been cooled
5. Provides an approximate estimate
6. As for the latter
7. Can undergo

PASTEUR

Probably no single name in French science is so widely known as Pasteur's, and few scientists anywhere can have been immortalised by so widespread a term as he has been by pasteurisation. Few scientists indeed have been so loved in their lifetime or have enjoyed so lasting a reputation as a benefactor of mankind. Born in 1822, the son of a tanner, he obtained a first arts degree from Besançon in 1840, and a first science degree two years later, but the future great chemist secured only a bare pass in chemistry. His enthusiasm for serious study was fired by the great teacher Dumas at the Sorbonne. In 1848, having obtained his doctorate and given proof of his ability as a research worker by his work on racemic acid, he took up a post as professor of physics in Dijon. Promotion followed rapidly—he soon obtained the chair of chemistry at Strasbourg, and in 1854 was appointed dean of the new faculty of science at Lille. Three years later, he moved to Paris as director of scientific studies at the Ecole Normale. His work on fermentation, begun in Lille, now led him to one of the most seminal discoveries of all times—the discovery of the effect of microbes on liquid substances and a corresponding rejection of standard theories of spontaneous generation. This at once led Lister to revolutionise surgical practice by the use of antiseptic agents.

Pasteur next turned his attention to the French silk industry which was being ruined by a disease in silkworms. It took Pasteur three years to isolate the bacilli of two distinct diseases and find a method of preventing contagion. In 1868 Pasteur became semi-paralysed but was able to proceed with his work on fermentation. Calls to investigate anthrax in cattle and cholera in chickens led him to isolate the organisms responsible for these two scourges and develop inoculating material. T. H. Huxley estimated that the money Pasteur had saved French agriculture by these discoveries would be sufficient to cover the entire war indemnity which France had to pay Germany in 1871—five milliards. His final achievement was the investigation of the cause and possible treatment of rabies, which resulted in the virtual elimination of this dread disease.

In 1888, the President of the French Republic, Sadi Carnot, opened the Institut Pasteur, which had been built by public subscriptions as a tribute to a man whose work was responsible for the saving of countless lives. The first of the following passages is an extract from Pasteur's speech of thanks.

A scientist's testament

** Ayez le culte[1] de l'esprit critique. Réduit à lui seul, il n'est ni un éveilleur d'idées, ni un stimulant de grandes choses. Sans lui tout est caduc. Il a toujours le dernier mot. Ce que je vous demande là, et ce que vous demanderez à votre tour aux disciples que vous formerez est ce qu'il y a de plus difficile à l'inventeur.

Croire que l'on a trouvé un fait scientifique important, avoir la fièvre de l'annoncer, et se contraindre des journées, des semaines, parfois des années à se combattre soi-même, à s'efforcer de ruiner ses propres expériences, et ne proclamer sa découverte que lorsqu'on a épuisé toutes les hypothèses contraires, oui, c'est une tâche ardue.

Mais quand, après tant d'efforts, on est enfin arrivé à la certitude, on éprouve les plus grandes joies que puisse ressentir l'âme humaine, et la pensée que l'on contribuera à l'honneur de son pays rend cette joie plus profonde encore. Si la science n'a pas de patrie, l'homme de science doit en avoir une et c'est à elle qu'il doit reporter[2] l'influence que ses travaux peuvent avoir dans le monde.

S'il m'était permis, Monsieur le Président, de terminer par une réflexion philosophique provoquée en moi par votre présence dans cette salle de travail, je dirais que deux lois contraires semblent aujourd'hui en lutte: une loi de sang et de mort qui, en imaginant chaque jour de nouveaux moyens de combat, oblige les peuples à être toujours prêts pour le champ de bataille, et une loi de paix, de travail, de salut qui ne songe qu'à délivrer l'homme des fléaux qui l'assiègent.

L'une ne cherche que des conquêtes violentes, l'autre que le soulagement de l'humanité. Celle-ci met[3] une vie humaine au-dessus de toutes les victoires; celle-là sacrifierait des centaines de mille existences à l'ambition d'un seul. La loi dont nous sommes les instruments cherche même à travers le carnage à guérir les maux sanglants de cette loi de la guerre. Les pansements inspirés par nos méthodes antiseptiques peuvent préserver des milliers de soldats. Laquelle de ces deux lois l'emportera sur l'autre? Dieu seul le sait, mais ce que nous pouvons assurer, c'est que la science française se sera efforcée, en obéissant à cette loi d'humanité, de reculer les frontières de la vie.

Spontaneous generation

** Voici une infusion de matière organique d'une limpidité parfaite, limpide comme de l'eau distillée, et qui est extrêmement altérable. Elle a été préparée aujourd'hui. Demain déjà elle contiendra des animalcules, de petits infusoires ou des flocons de moisissures.

Je place une portion de cette infusion de matière organique dans un vase à long col tel que celui-ci. Je suppose que je fasse bouillir le liquide et qu'ensuite je

laisse refroidir. Au bout de quelques jours, il y aura des moisissures ou des
animalcules infusoires développés dans le liquide. En faisant bouillir, j'ai détruit
des germes qui pouvaient exister dans le liquide et à la surface des parois du vase:
mais comme cette infusion se trouve remise au contact de l'air, elle s'altère
comme toutes les infusions.

Maintenant je suppose que je répète cette expérience, mais qu'avant de faire
bouillir le liquide, j'étire à la lampe d'émailleur le col du ballon de manière
à l'effiler, en laissant toutefois son extrémité ouverte. Cela fait, je porte le liquide
du ballon à l'ébullition,[4] puis je laisse refroidir. Or, le liquide de ce deuxième
ballon restera complètement inaltéré, non pas deux jours, non pas trois, quatre,
non pas un mois, une année, mais trois ou quatre années, car l'expérience dont je
vous parle a déjà cette durée. Le liquide reste parfaitement limpide, limpide
comme de l'eau distillée. Quelle différence y a-t-il donc entre ces deux vases?
Ils renferment le même liquide, ils renferment tous deux de l'air, tous les deux
sont ouverts. Pourquoi donc celui-ci s'altère-t-il, tandis que celui-là ne s'altère
pas? La seule différence, messieurs, qui existe entre ces deux vases, la voici:
dans celui-ci, les poussières qui sont en suspension dans l'air et leurs germes
peuvent tomber par le goulot du vase et arriver au contact du liquide où ils
trouvent un aliment approprié, et se développent. De là, les êtres microscopiques.
Ici, au contraire, il n'est pas possible, ou du moins il est très difficile, à moins que
l'air ne soit vivement agité, que les poussières en suspension dans l'air puissent
entrer dans ce vase. Où vont-elles? Elles tombent sur le col recourbé. Quand l'air
rentre dans le vase par les lois de la diffusion et les variations de température,
celles-ci n'étant jamais brusques, l'air rentre lentement et assez lentement pour
que ses poussières et toutes les particules solides qu'il charrie tombent à l'ouverture
du col ou s'arrêtent dans les premières parties de la courbure. Cette expérience,
messieurs, est pleine d'enseignements.[5] Car, remarquez bien que tout ce qu'il y
a dans l'air, tout, excepté ses poussières, peut entrer très facilement dans l'intérieur
du vase et arriver au contact du liquide. Imaginez ce que vous voudrez dans
l'air, électricité, magnétisme, ozone, et même ce que nous n'y connaissons pas
encore, tout peut entrer et venir au contact de l'infusion. Il n'y a qu'une chose
qui ne puisse pas rentrer facilement, ce sont les poussières en suspension dans
l'air, et la preuve que c'est bien cela, c'est que si j'agite vivement le vase deux
ou trois fois, dans deux ou trois jours il renferme des animalcules et des
moisissures. Pourquoi? Parce que le rentrée de l'air a eu lieu brusquement et a
entraîné avec lui des poussières.

Et par conséquent, messieurs, moi aussi, je puis dire, en vous montrant ce
liquide: J'ai pris dans l'immensité de la création ma goutte d'eau et je l'ai prise
toute pleine de la gelée féconde, c'est-à-dire, pour parler le langage de la science,
toute pleine des éléments appropriés au développement des êtres inférieurs. Et
j'attends, et j'observe, et je l'interroge, et je lui demande de vouloir bien[6]
recommencer pour moi la primitive création; ce serait un si beau spectacle! Mais
elle est muette! Elle est muette depuis plusieurs années que ces expériences sont

commencées. Ah! c'est parce que j'ai éloigné d'elle et que j'éloigne encore en ce moment, la seule chose qu'il n'ait pas été donné à l'homme de produire, j'ai éloigné d'elle les germes qui flottent dans l'air, j'ai éloigné d'elle la vie, car la vie c'est le germe et le germe c'est la vie. Jamais la doctrine de la génération spontanée ne se relèvera du coup mortel que cette simple expérience lui porte.

Fermentation and decay

* Nous savons que les matières extraites des végétaux fermentent lorsqu'elles sont abandonnées à elles-mêmes et disparaissent peu à peu au contact de l'air. Nous savons que les cadavres des animaux se putréfient et que bientôt après il ne reste plus que leurs squelettes. Ces destructions de la matière organique morte sont une des nécessités de la perpétuité de la vie. Si les débris des végétaux qui ont cessé de vivre, si les animaux morts n'étaient pas détruits, la surface de la terre serait encombrée de matière organique, et la vie deviendrait impossible, parce que le cercle de transformation ne pourrait se fermer. En d'autres termes, lorsque, dans un être vivant les mouvements intestins que réglaient les lois de la vie s'arrêtent, l'oeuvre de la mort ne fait que commencer. Il faut, pour qu'elle s'achève, que la matière organique du cadavre quel qu'il soit, animal ou végétal, retourne à la simplicité des combinaisons minérales. Il faut que la fibrine de nos muscles, l'albumine de notre sang, la gélatine de nos os, l'urée de nos urines, le ligneux des végétaux, le sucre de leurs fruits, la fécule de leurs graines . . . se réduisent peu à peu à l'état d'eau, d'ammoniaque et d'acide carbonique, afin que les principes élémentaires de ces matières organiques complexes puissent être repris par les plantes, élaborés de nouveau, et servir d'aliments à de nouveaux êtres semblables à ceux qui leur ont donné naissance, et ainsi de suite[7] perpétuellement pendant toute la durée des siècles.

Comment s'opèrent toutes ces transformations? Voilà le problème, qui se subdivise en une foule d'autres pleins d'intérêt et d'avenir, à la solution duquel j'oserais prétendre.[8] J'y ai déjà consacré six années du travail le plus assidu, et il me semble que je puis ajouter avec confiance que mes premiers résultats laissent entrevoir dès à présent[9] la loi la plus générale de cet ordre de phénomènes. J'arrive, en effet, à cette conclusion que la destruction des matières organiques est due principalement à la multiplication d'êtres organisés microscopiques, jouissant de propriétés spéciales de désassociation des matières organiques complexes, ou de combustion lente et de fixation d'oxygène, propriétés qui font de ces êtres les agents les plus actifs de ce retour nécessaire à l'atmosphère de tout ce qui a eu vie.

J'ai démontré que l'atmosphère au sein de laquelle nous vivons charrie sans cesse les germes de ces êtres microscopiques, toujours prêts à se multiplier au sein de la matière morte, afin d'y accomplir le rôle de destruction qui est corrélatif de leur propre vie.

Louis Pasteur

Paul Langevin

Pierre Curie

1. Be a devotee
2. He must assign
3. The latter sets
4. I bring . . . to the boil
5. Is full of lessons for us
6. To be kind enough
7. And so on
8. To solve which I am bold enough to claim
9. Already suggest

FABRE

Compulsory education for all and a rapidly growing interest in the sciences in the latter half of the nineteenth century led to a demand for popular works on scientific topics, clearly presented in non-technical language. Probably the greatest populariser of his time was Jean-Henri Fabre (1821–1915), a patient observer of the insect world and a gifted writer.

The dung beetle

** Supposons le scarabée assez heureux pour avoir trouvé un associé fidèle; ou ce qui est mieux, supposons qu'il n'ait pas rencontré en route de confrère s'invitant lui-même.[1] Le terrier est prêt. C'est une cavité creusée en terrain meuble, habituellement dans le sable, peu profonde, du volume du poing, et communiquant au dehors par un court goulot, juste suffisant au passage de la pilule. Aussitôt les vivres emmagasinés,[2] le scarabée s'enferme chez lui en bouchant l'entrée du logis avec des déblais tenus en réserve dans un coin. La porte close, rien au dehors ne trahit la salle du festin. Et maintenant vive la joie: tout est pour le mieux dans le meilleur des mondes! La table est somptueusement servi; le plafond tamise les ardeurs du soleil et ne laisse pénétrer qu'une chaleur douce et moite; le recueillement, l'obscurité, le concert extérieur des grillons, tout favorise les fonctions du ventre. Dans mon illusion,[3] je me suis surpris à écouter aux portes, croyant entendre pour couplets de table le fameux morceau de l'opéra de *Galathée*: 'Ah! il est doux de ne rien faire, quand tout s'agite autour de nous.'

Qui oserait troubler les béatitudes d'un pareil banquet? Mais le désir d'apprendre est capable de tout; et cette audace, je l'ai eue. J'inscris ici le résultat de mes violations de domicile:[4] à elle seule, la pilule presque en entier remplit la salle; la somptueuse victuaille s'élève du plancher au plafond. Une étroite galerie la sépare des parois. Là se tiennent les convives, deux au plus, un seul très souvent, le ventre à table, le dos à la muraille. Une fois la place choisie, on ne bouge plus; toutes les puissances vitales sont absorbées par les facultés digestives. Pas de menus ébats,[5] qui feraient perdre une bouchée . . . Tout doit y passer, par ordre et religieusement. A les voir si recueillis autour de l'ordure, on dirait qu'ils ont conscience de leur rôle d'assainisseurs de la terre, et qu'ils se livrent avec connaissance de cause[6] à ette merveilleuse chimie qui de l'immondice fait la fleur . . . Pour ce travail qui doit faire matière vivante des résidus non utilisés par le cheval et le mouton, malgré la perfection de leurs voies digestives, le bousier doit être outillé d'une manière particulière.[7] Et en, effet, l'anatomie nous fait admirer la prodigieuse longueur de son intestin, qui, plié et replié sur lui-même, lentement élabore les matériaux en ses circuits multipliés et les epuise jusqu'au dernier atome utilisable . . .

Or cette admirable métamorphose de l'ordure doit s'accomplir dans le plus bref délai: la salubrité générale l'exige. Aussi le scarabée est-il doué d'une puissance digestive peut-être sans exemple ailleurs. Une fois en loge avec des vivres,[8] jour et nuit il ne cesse de manger et de digérer jusqu'à ce que les provisions soient épuisées. Il est aisé d'élever le scarabée en captivité quand on a acquis quelque pratique. J'ai acquis de la sorte le document que voici, document qui nous renseignera sur la haute faculté digestive du célèbre bousier . . .

Un jour d'atmosphère très chaude, lourde et calme, conditions favorables aux liesses gastronomiques des mes reclus,[9] je surveille, montre en main, un des consommateurs, depuis huit heures du matin jusqu'à huit heures du soir. Le scarabée a rencontré, paraît-il, un morceau fort à son goût, car pendant ces douze heures il ne discontinue pas sa bombance, toujours attablé, immobile, au même point. A huit heures du soir, je lui fais une dernière visite. L'appétit ne paraît pas avoir diminué. Je trouve le glouton en aussi bonnes dispositions que s'il débutait. Le festin a par conséquent duré quelque temps encore, jusqu'à disparition totale du morceau. Le lendemain, en effet, le scarabée n'est plus là, et de l'opulente pièce attaquée la veille il ne reste que des miettes.

1. Who has invited himself
2. The moment the food supply has been brought in
3. Carried away by this make-believe
4. Violations of the privacy of the home
5. No miniature revels
6. Devote themselves in full awareness of the facts
7. Needs to be equipped with special tools
8. Once in his cell with some food
9. Conditions which are favourable for the gastronomic feasts of my recluses

BERTHELOT

Marcellin Berthelot (1827–1907) was not merely a leading chemist but played a significant role at a time when the French educational system was undergoing important changes. Appointed professor of organic chemistry at the Ecole Supérieure de Pharmacie in 1859 and at the Collège de France six years later, he became inspector-general of education in 1876 and minister of education in 1886. He succeeded Louis Pasteur as Secretary of the Académie des Sciences in 1889. His investigations on the synthesis of organic compounds were published in numerous papers and books (e.g. *Chimie organique fondée sur la synthèse*, 1860) as were his views that chemical phenomena are explicable in terms of general laws of mechanics (*Mécanique chimique*, 1878); he was in addition the author of a number of works on the history of science (e.g. *La Chimie au moyen-âge*, 1893).

Physical isomerism

* L'isomérie physique est celle qui résulte de la variation de propriétés purement physiques, lesquelles ne sont pas nécessairement permanentes dans les corps: la diversité des états multiples des corps physiquement isomères s'évanouit toutes les fois que ces corps traversent une combinaison. En un mot, cette isomérie est caracterisée par des propriétés dont un même corps peut être doué,[1] ou être dépouillé, sans qu'on observe un changement notable dans ses propriétés chimiques.

Le fer aimanté, par exemple, est isomère avec le fer doux; car il possède une propriété physique dont ce dernier est dépourvu. Mais les réactions chimiques des deux fers ne diffèrent que par des nuances presque insensibles, et qui ne persistent pas, lorsque le fer est régénéré, après avoir traversé une combinaison.

On peut d'ailleurs communiquer à volonté au fer ordinaire les propriétés du fer aimanté, ou bien, réciproquement, transformer le fer aimanté en fer ordinaire: ce double résultat est obtenu par des actions purement physiques, sans l'intervention d'aucune réaction, d'aucun agent chimique.

Voilà un cas très net d'isomérie physique.

Tel est aussi l'état d'un corps rendu phosphorescent par l'action de certains rayons lumineux, comparé à celui du même corps non phosphorescent.

Le dimorphisme offre un autre exemple d'isomérie physique. J'insiste sur ce dernier point, parce que, dans un langage peu correct, on a parfois confondu le mot de dimorphisme avec celui d'isomérie. Soit, par exemple,[2] le carbonate de chaux. Vous savez tous que ce corps peut se présenter sous deux formes cristallines incompatibles : le rhomboèdre (spath d'Islande) et le prisme rhomboïdal droit (arragonite). Mais c'est là un cas d'isomérie physique, attendu que la différence de formes cristallines ne répond pas à une différence marquée dans les réactions, et surtout, attendu que cette différence ne se maintient pas dans le cours des métamorphoses, c'est-à-dire lorsque l'on régénère le carbonate de chaux après l'avoir décomposé.

Les deux carbonates de chaux dissous dans l'acide chlorhydrique, par exemple, puis reprécipités par le carbonate de soude, dans des conditions identiques, fourniront un composé identique, quelle qu'en soit l'origine.

Polymerism and oxygen

** La polymérie donne lieu aux développements théoriques les plus remarquables dans l'étude des corps composés : son intérêt n'est pas moindre dans l'étude des corps simples.

Citons d'abord les faits réellement observés, puis nous aborderons les hypothèses.

Non seulement on conçoit la possibilité d'obtenir un même corps simple, à l'état libre, sous deux états de condensation différente ; mais cette opinion peut être regardée comme établie par l'étude de l'oxygène du soufre, du carbone.

Commençons par l'oxygène. Les recherches de M. Andrews et celles de M. Soret[3] ont établi que l'ozone représente un état condensé de l'oxygène : de telle façon qu'un volume d'ozone gazeux renferme la même quantité de matière que plusieurs volumes d'oxygène gazeux.

La densité de l'ozone est-elle double de celle de l'oxygène, ou représentée par quelque autre multiple ? C'est là un point encore indécis ; mais l'état même de condensation de l'ozone est établi par des preuves non équivoques.

En effet l'ozone, en exerçant une action oxydante sur divers autres corps, tels que l'iodure de potassium, se dédouble : en même temps que le corps oxydable se transforme, un volume d'oxygène ordinaire, égal à celui de l'ozone primitif, devient libre. En d'autres termes, un gaz mélangé d'ozone ne change pas de volume en exerçant certaines actions oxydantes : d'où il suit que l'ozone est de l'oxygène condensé.

On arrive au même résultat en soumettant le gaz mêlé d'ozone à l'action de la chaleur : il éprouve par là une certaine augmentation de volume, égale précisément au volume de l'oxygène fixé par l'iodure de potassium.

Il existe au contraire d'autres corps, tels que l'essence de térébenthine[4] et l'essence de cannelle, qui absorbent l'ozone dans une proportion différente, et de façon à diminuer le volume du gaz mélangé d'ozone. Cette diminution, dans l'exemple cité, c'est-à-dire avec l'essence de térébenthine, est égale au double du volume de l'oxygène qui serait fixé sur l'iodure de potassium, ou qui reparaîtrait

sous l'influence de la chaleur: résultat remarquable qui a été récemment établi
par les expériences de M. Soret. Si donc on admet que l'essence de térébenthine
absorbe complètement l'ozone, il en résultera que la densité de l'ozone gazeux
sera égale à $1\frac{1}{2}$ fois celle de l'oxygène. Cette relation et singulière: on peut
la citer comme un preuve de l'état polymérique de l'oxygène dans l'ozone; mais
il serait difficile d'admettre un semblable rapport comme définitif, sans de
nouvelles démonstrations. Il serait possible, en effet, que l'essence de térébenthine
déterminât le dédoublement de la molécule ozonée en oxygène absorbable et
oxygène libre, au même titre que[5] l'iodure de potassium, mais suivant une
proportion différente.

1. Which a similar body may possess
2. Take for instance
3. Thomas Andrews (1813–85) of Belfast; Jacques-Louis Soret (1827–90)
4. Oil of turpentine
5. On the same lines as

POINCARÉ

Jules-Henri Poincaré (1854–1912) was born in Nancy, studied at the Ecole Polytechnique and after a period of teaching in Normandy was appointed to the University of Paris, lecturing on physical mechanics, mathematical physics and eventually on astronomical mechanics. His most important work was in pure analytical mathematics, his main interest in astronomy was the theory of orbits. His *Cours de physique mathématique* in 10 volumes was the first in a series of important publications, including over 500 scientific papers, that led him eventually into the philosophy of science (*La Valeur de la science*, 1904).

Hypothesis and certainty

*** Au lieu de prononcer une condamnation sommaire, nous devons examiner avec soin le rôle de l'hypothèse; nous reconnaîtrons alors, non seulement qu'il est nécessaire mais que le plus souvent il est légitime. Nous verrons aussi qu'il y a plusieurs sortes d'hypothèses, que les unes sont vérifiables et qu'une fois confirmées par l'expérience, elles deviennent des vérités fécondes; que les autres, sans pouvoir nous induire en erreur, peuvent nous être utiles en fixant notre pensée, que d'autres enfin ne sont des hypothèses qu'en apparence et se réduisent à des définitions ou à des conventions déguisées.

Un autre cadre que nous imposons au monde c'est l'espace. D'où viennent[1] les premiers principes de la géométrie? Nous sont-ils imposés par la logique? Lobatchevsky a montré que non[2] en créant les géométries non-euclidiennes. L'espace nous est-il révélé par nos sens? Non encore,[3] car celui que nos sens pourraient nous montrer diffère absolument de celui du géomètre. La géométrie dérive-t-elle de l'expérience? Une discussion approfondie nous montrera que non. Nous conclurons donc que ses principes ne sont que des conventions; mais ses conventions ne sont pas arbitraires, et transportés[4] dans un autre monde (que j'appelle le monde non-euclidien et que je cherche à imaginer), nous aurions été amenés à en adopter d'autres.

En mécanique, nous serions conduits à des conclusions analogues et nous verrions que les principes de cette science, quoique plus directement appuyés sur l'expérience,[5] participent encore du caractère conventionnel[6] des postulats géométriques. Jusqu'ici le nominalisme triomphe, mais nous arrivons aux sciences physiques proprement dites. Ici la scène change; nous rencontrons une autre sorte d'hypothèse et nous en voyons toute la fécondité. Sans doute, au premier abord,[7] les théories nous semblent fragiles, et l'histoire de la science nous prouve qu'elles sont éphémères: elles ne meurent pas tout entières pourtant, et de chacune d'elles il reste quelque chose. C'est ce quelque chose qu'il faut chercher à démêler parce que c'est là, et là seulement, qu'est la véritable réalité.

La méthode des sciences physiques repose sur l'induction qui nous fait attendre[8] la répétition d'un phénomène quand se reproduisent les circonstances où il avait une première fois pris naissance. Si toutes ces circonstances pouvaient se reproduire à la fois, ce principe pourrait être appliqué sans crainte: mais cela n'arrivera jamais; quelques-unes de ces circonstances feront toujours défaut.[9] Sommes-nous absolument sûrs qu'elles sont sans importance? Evidemment non. Cela pourra être vraisemblable, cela ne pourra pas être rigoureusement certain. De là[10] le rôle considérable que joue dans les sciences physiques la notion de probabilité. Le calcul des probabilités n'est donc pas seulement une récréation ou un guide pour les joueurs de baccara, et nous devons chercher à en approfondir les principes. Sous ce rapport,[11] je n'ai pu donner que des résultats bien incomplets, tant[12] ce vague instinct, qui nous fait discerner la vraisemblance, est rebelle à l'analyse.

1. Whence come
2. Showed this was not so (Nicolai Ivanovich Lobacheski, 1793–1856)
3. No again
4. If we had been transported
5. Based on experiments
6. Still share some of the . . . characteristics
7. At first sight
8. Leads us to expect
9. Will always be absent
10. Hence
11. In this respect
12. *Say:* So unamenable to . . . is this . . .

PERRIN

Born in Lille in 1870 Jean Perrin, studied at the prestigious Ecole Normale Supérieure, then taught physical chemistry at the Académie des Sciences. He began work on cathode rays in 1895, showing that they represent the trajectories of negatively charged particles. He then turned to work on X-rays and on the Brownian movement. In 1926, he received the Nobel Prize for Physics in recognition of his work on the equilibrium of sedimentation. An achievement which earned him wide recognition was the setting up of the Palais de la Découverte, an exhibition complex which has played an important role in the popularisation of scientific discoveries. He died in New York in 1942.

The Brownian movement

*** Considérons un fluide en équilibre: l'eau contenue dans ce verre, par exemple. Elle nous paraît homogène et continue, et immobile en toutes ses parties. Si nous y plaçons un objet plus dense, il tombe, et nous savons bien qu'une fois arrivé au fond du verre, il y reste, et ne s'avise pas de remonter tout seul.

Nous aurions pu observer cette eau, avant sa mise en équilibre,[1] pour voir comment elle y parvient, au moment où nous emplissons ce verre; alors nous aurions pu constater (en observant des poussières indicatrices visibles, exprès mélangées à l'eau) que le mouvement des diverses parties de l'eau, d'abord coordonné en mouvements parallèles, se décoordonnait de plus en plus, se disséminant en tous sens entre parties de plus en plus petites, jusqu'à ce que le tout paraisse complèment immobile (rien ne nous empêchant encore de supposer que cette dissémination se poursuit sans limite).

Il est bien remarquable que ces notions si familières deviennent fausses à l'échelle[2] des observations que nous permet le microscope: toute particule microscopique placée dans l'eau (ou dans un fluide quelconque), au lieu de tomber régulièrement, manifeste une agitation continuelle et parfaitement irrégulière. Elle va et vient en tournoyant, monte, descend, remonte encore, sans tendre aucunement vers le repos, et en gardant indéfiniment le même état moyen d'agitation. Ce phénomène, prévu par Lucrèce,[3] entrevu par Buffon, établi avec certitude par Brown, constitue le *mouvement brownien*.

La nature des grains n'importe pas, mais un grain s'agite d'autant plus violemment qu'il est plus petit.[4] Il y a de plus indépendance complète entre les mouvements de deux grains, même très voisins, ce qui exclut l'hypothèse de convections d'ensemble dues à des secousses ou à des différences de température. On est en définitive forcé de penser que chaque grain ne fait que suivre la portion de fluide qui l'entoure, à la façon d'un bouée indicatrice qui indique et analyse le mouvement d'autant mieux qu'elle est plus petite:[5] un bouchon suit plus fidèlement qu'un cuirassé le mouvement de la mer.

Nous atteignons par là une propriété essentielle de ce qu'on appelle un fluide en équilibre: *son repos n'est qu'une illusion due à l'imperfection de nos sens, et ce que nous appelons équilibre est un certain régime permanent, bien déterminé, d'agitation parfaitement irrégulière.* C'est là un fait expérimental où ne se mêle aucune hypothèse.[6]

On diffusion

** Tout le monde sait que si l'on superpose une couche d'alcool et une couche d'eau, l'alcool étant en dessus, ces deux liquides ne restent pas séparés bien que la couche inférieure soit la plus dense. Une dissolution réciproque s'opère, par *diffusion* des deux substances au travers l'une de l'autre, et uniformise[7] en quelques jours tout le liquide. Il faut donc bien admettre que molécules d'alcool et molécules d'eau ont été animées de mouvements, au moins pendant le temps qu'a duré la dissolution.

A vrai dire, si nous avions superposé de l'eau et de l'éther, une surface de séparation serait restée nette. Mais, même dans ce cas de solubilité incomplète, il passe de l'eau dans toutes les couches du liquide supérieur, et de l'éther pénètre également dans une couche quelconque du liquide inférieur. Un mouvement des molécules s'est donc encore manifesté.

Avec des couches gazeuses, la diffusion, plus rapide, se poursuit toujours jusqu'à l'uniformisation de la masse entière. C'est l'expérience célèbre de Berthollet, mettant en communication par un robinet un ballon contenant du gaz carbonique avec un ballon contenant de l'hydrogène à la même pression, et placé à un niveau supérieur. Malgré la grande différence des densités, la composition s'uniformise progressivement dans les deux ballons, et bientôt chacun d'eux renferme autant d'hydrogène que de gaz carbonique. L'expérience réussit de la même manière avec n'importe quel couple de gaz.[8]

La rapidité de la diffusion n'a d'ailleurs aucun rapport avec la différence des propriétés des deux fluides mis en contact. Elle peut être grande ou petite, aussi bien pour des corps très analogues que pour des corps très différents. Notons, par exemple, que de l'alcool éthylique (esprit de vin), et de l'alcool méthylique (esprit de bois), physiquement et chimiquement très semblables, se pénètrent plus vite que ne le font[9] l'alcool éthylique et le toluène, qui sont beaucoup plus différents l'un de l'autre.

Or, s'il y a ainsi diffusion entre deux couches fluides quelconques, entre, par exemple, de l'alcool éthylique et de l'eau, entre de l'alcool éthylique et de l'alcool méthylique, entre de l'alcool éthylique et de l'alcool propylique, peut-on croire qu'il n'y aura pas également diffusion entre de l'alcool éthylique et de l'alcool éthylique? Dès que l'on a fait les rapprochements qui précèdent,[10] il paraît difficile de ne pas répondre que probablement il y aura encore diffusion, mais que nous ne nous en apercevons plus, à cause de l'identité des deux corps qui se pénètrent.

Nous sommes donc forcés de penser qu'une diffusion continuelle se poursuit entre deux tranches contiguës quelconques d'un même fluide. S'il existe des molécules, il revient au même de dire que toute surface tracée[11] dans un fluide est sans cesse traversée par des molécules passant d'un côté à l'autre, et par suite que *les molécules d'un fluide quelconque sont en mouvement incessant.*

1. Before it achieved its state of equilibrium
2. Within the scale . . . made possible by the microscope
3. Titus Lucretius Carus (98–55 B.C.)
4. The smaller the particle the greater its motion
5. Analyse the motion with greater precision if it is smaller
6. In which no element of hypothesis enters
7. Renders . . . uniform
8. With any two gases
9. Than do
10. As soon as one has established the foregoing comparisons
11. Any boundary drawn

LANGEVIN

Paul Langevin (1872–1946) had an outstanding career as a student, graduating first of his year at the prestigious Ecole Normale Supérieure and passing the difficult competitive *agrégation* at the age of twenty-five. He worked for a time under J. J. Thomson at the Cavendish Laboratory, Cambridge, lectured at the Collège de France and in 1905 succeeded Pierre Curie as professor at the Ecole de Physique et de Chimie. His work included research on ionisation, supersonic waves and the kinetic theory of gases.

Magnetism and electrons

★★★ On sait combien, depuis quelques années, s'est déjà montrée féconde la conception qui fait de[1] la matière une agglomération de centres électrisés ou *électrons,* ceux-ci fournissent le lieu nécessaire entre l'éther, siège des champs électriques et magnétiques et la matière, source et récepteur des perturbations électromagnétiques que l'éther transmet. M. Lorentz, qui plus que tout autre a contribué à son développement, vient de donner[2] de cette théorie une exposition magistrale où peut se mesurer l'ampleur de la synthèse déjà réalisée. L'attention des physiciens, vivement attirée de ce côté par les remarquables prévisions de M. Lorentz à propos du phénomène de Zeeman, n'a fait que s'accroître[3] depuis les récentes découvertes qui aboutissent *par voie purement expérimentale* à la notion du corpuscule cathodique, deux mille fois moins inerte que l'atome d'hydrogène, véritable électron négatif, présent dans toute matière, et qui apporte aux idées théoriques antérieures la confirmation expérimentale la plus éclatante.

La tâche s'impose aujourd'hui de suivre aussi loin que possible la voie si brillamment ouverte et d'éprouver la puissance de représentation[4] des notions nouvelles, pour arriver à les démontrer nécessaires, quoique encore insuffisantes ou insuffisamment précisées. Dans le domaine des radiations, les succès sont constants et remarquables; de plus, la molécule conçue comme un système d'électrons en mouvement, en équilibre dynamique stable sous leurs actions mutuelles, se prête bien[5] à l'interprétation des faits de l'électrostatique, ce système pouvant sous l'action d'un champ extérieur se polariser par suite d'un changement de répartition des électrons positifs et négatifs qui, dans le mouvement perturbé, prédomineront en moyenne aux extrémités opposées de la molécule dans la direction du champ.

La propriété d'un électron, conséquence immédiate des équations de Hertz, de produire un champ magnétique pendant son déplacement, permet d'envisager la courant de conduction comme dû[6] à un transport d'électrons liés ou non aux atomes matériels suivant que le conducteur est électrolytique ou métallique. La théorie des métaux se développe à ce point de vue, toute pleine de promesses.

Light and gravitation

★★ L'énergie contenue dans la matière est pesante en même temps qu'inerte; doit-on considérer qu'il en est de même pour l'énergie rayonnante se propageant librement; doit-on considérer que les ondes lumineuses ou électromagnétiques sont sensibles à l'action d'un champ de gravitation, comme le serait une masse équivalente[7] au sein de la matière? Il est bien vraisemblable que nous devons répondre par l'affirmative, que les rayons lumineux sont déviés au voisinage de la matière en vertu de la gravitation, et que la loi d'attraction universelle de Newton affirmerait au fond l'attraction de l'énergie pour l'énergie. C'est la conclusion à laquelle aboutit M. Einstein: il a pu calculer la réfraction qui résulterait, pour la lumière venant d'une étoile vue dans une direction voisine de celle du soleil, de sa propagation dans le champ de gravitation produit par celui-ci. La vérification n'est peut-être pas impossible à tenter.[8]

Voilà bien des problèmes dont la solution est sans doute prochaine. On ne peut qu'admirer le singulier détour par lequel la théorie des ondes lumineuses, si nettement opposée autrefois à la théorie newtonienne de l'émission, se trouve amenée après sa conjonction avec l'électromagnétisme, à conclure que le rayonnement est inerte et pesant et possède tous les attributs par lesquels autrefois on distinguait la matière. Nous sommes cependant bien loin du point de départ, puisque ce sont là des conséquences à partir des propriétés[9] du milieu même qui transmet les ondes, propriétés que les travaux de Maxwell et Hertz nous ont révélées. La distinction entre la matière et le rayonnement reste fondamentale et doit être cherchée dans la notion de structure, dont la présence[10] au sein de la matière de centres électrisés ou non, capables de se mouvoir avec une vitesse variable par rapport au milieu, alors que le rayonnement se propage dans celui-ci avec une vitesse entièrement déterminée.

1. *Say:* How productive has been the idea according to which
2. Has just given an outstanding account (H. A. Lorentz, 1853–1928, Dutch physicist)
3. Has become even more intense
4. Test the interpretative potential
5. Lends itself well

6. As being due
7. As would be an equivalent mass
8. It may not be impossible to try to prove this
9. These are consequences of the properties
10. Hence the presence

THE CURIES

The contributions to modern science made by Pierre and Marie Curie include major research on radioactivity—it was Marie Curie who devised this name for the phenomenon first reported by Henri Becquerel—and the discovery of polonium and radium which they obtained by a process of fractionation applied to pitchblende. In 1903 the Nobel prize for physics was shared between them and Becquerel. Pierre Curie was killed in a street accident in 1906, less than a year after his election to the Académie des Sciences. Marie Curie—who was born in Warsaw and moved to Paris in 1891—continued the work they had begun together, was appointed to a chair at the Sorbonne, and was awarded the Nobel prize for chemistry in 1911. Her eldest daughter Irène joined her at the Institut du Radium in 1918, working on the alpha rays of polonium; she married a fellow scientist Frédéric Joliot in 1926, and together in 1934 the Joliot-Curies received the Nobel prize for chemistry for their discovery of artificial radioactivity—the third Nobel awarded to a Curie within thirty years.

Of the following extracts, the first is taken from Marie Curie's Nobel speech of December 1911, the second from a contribution by Irène Joliot-Curie's to a biography of her father, while the third, from Eve Curie's biography of her mother, sheds a dramatic light on their early experiments on radium and radioactivity—which eventually caused the death of Marie in 1934. The last section contains two extracts from the writings of Frédéric Joliot-Curie (1900–58).

Radium and radioactivity

* Il y a de cela quinze ans[1] le rayonnement de l'uranium a été découvert par Henri Becquerel, et deux ans après, l'étude de ce phénomène a été étendue aux autres substances par moi d'abord, par Pierre Curie et moi ensuite. Cette étude nous amenait rapidement à la découverte de corps nouveaux dont le rayonnement, analogue à celui de l'uranium, était considérablement plus intense. Tous les corps émettant[2] un tel rayonnement ont été nommés par moi radioactifs, et la nouvelle propriété de la matière se manifestant dans cette émission a reçu le nom de radioactivité. Grâce à la découverte de ces substances radioactives nouvelles de grande puissance, et notamment du radium, l'étude de la radioactivité a fait des progrès d'une rapidité merveilleuse. Les découvertes se succèdent à bref délai, et il était visible qu'une nouvelle science était en voie de formation.[3] L'Académie des Sciences de Suède a bien voulu fêter l'avènement[4] de cette science par l'attribution du prix Nobel de Physique aux premiers ouvriers Henri Becquerel, Pierre Curie et Marie Curie (1903).

De nombreux savants se consacraient dès lors à l'étude de la radioactivité. Permettez-moi de vous rappeler l'un d'eux qui par la sûreté de son jugement, par ses hypothèses hardies et par les nombreux travaux effectués par lui-même et par ses élèves, a su non seulement augmenter les connaissances acquises, mais aussi les classer avec une grande clarté; il a fourni à la nouvelle science un squelette consistant en une théorie très précise, admirablement adaptée à l'étude des phénomènes. Je suis heureuse de rappeler que M. Rutherford est venu à Stockholm en 1908 pour recevoir le prix Nobel comme récompense bien méritée.

Loin de s'arrêter, l'évolution de la nouvelle science n'a cessé de suivre une marche ascendante.[5] Et maintenant, alors que quinze années seulement nous séparent de la découverte faite par Henri Becquerel, nous sommes en présence de tout un monde de phénomènes nouveaux, appartenant à un domaine qui, malgré sa liaison étroite avec les domaines de la physique et de la chimie, se trouve cependant défini avec une netteté particulière. Dans ce domaine, l'importance du radium au point de vue des théories générales a été décisive. L'histoire de la découverte et de l'isolement de cette substance a fourni la preuve de l'hypothèse faite par moi, d'après laquelle[6] la radioactivité est une propriété chimique de la matière et peut fournir une méthode de recherche d'éléments nouveaux. Cette hypothèse a conduit aux théories actuelles de la radioactivité d'après lesquelles nous envisageons avec certitude l'existence d'environ trente éléments nouveaux que nous ne pouvons généralement ni isoler ni caractériser par les méthodes des chimistes. Nous admettons de plus que ces éléments éprouvent des transformations atomiques, et la preuve la plus directe en faveur de cette théorie est apportée par le fait expérimental de la formation de l'élément chimiquement défini radium.

En se plaçant à ce point de vue, on peut dire que le travail d'isolement du radium est la pierre angulaire[7] de l'édifice constitué par la science de la radio-activité. D'autre part, le radium constitue toujours le moyen d'action le plus utile et le plus puissant dans les laboratoires de radioactivité. Je pense que c'est en raison[8] de ces considérations que l'Académie des Sciences de Suède m'a fait le très grand honneur de m'attribuer le prix Nobel de Chimie pour cette année.

Je me vois ainsi dans l'obligation de vous présenter le radium surtout comme un élément chimique nouveau et de laisser de côté la description des nombreux phénomènes radioactifs qui ont déjà été décrits dans les Conférences Nobel de H. Becquerel, de P. Curie et de E. Rutherford.

Avant d'aborder l'objet de la conférence, je tiens à rappeler[9] que la découverte du radium et celle du polonium ont été faites par Pierre Curie en commun avec moi. On doit aussi à Pierre Curie, dans le domaine de la radioactivité, des études fondamentales qu'il a effectuées, soit seul, soit en commun avec moi, soit encore en collaboration avec ses élèves.

Marie Sklodowska Curie

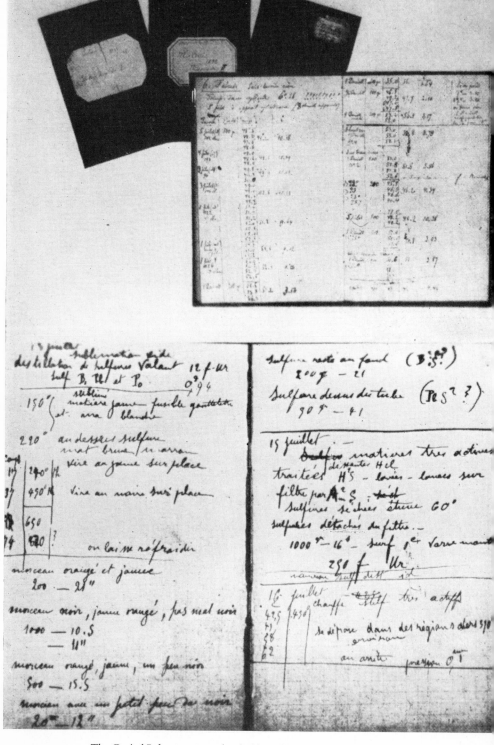

The Curies' Laboratory notebooks (from *Les Curie et la Radioactivité*, ed. *Eugénie Cotton*)

Le travail chimique qui avait pour but d'isoler le radium à l'état de sel pur et de le caractériser comme élément nouveau, a été effectué spécialement par moi, mais se trouve intimement lié à l'oeuvre commune.[10] Je crois donc interpréter exactement la pensée de l'Académie des Sciences, en admettant que la haute distinction dont je suis l'objet est motivée par cette oeuvre commune et constitue ainsi un hommage à la mémoire de Pierre Curie.

The Curie notebooks

** Les expériences qui conduisirent à la découverte du polonium et du radium ont ete faites à l'Ecole de Physique et de Chimie, école d'ingénieurs où Pierre Curie enseignait. Pierre Curie avait déjà fait des travaux d'une importance fondamentale, mais il n'avait ni laboratoire ni crédits, et ses recherches ont toujours été faites dans des conditions matérielles déplorables. La directeur de l'Ecole de Physique et de Chimie n'avait pas de laboratoire disponible, mais il permit à Pierre et Marie Curie d'installer un appareil de mesure dans un petit local où il y avait un peu de place et, plus tard, quand les traitements chimiques commencèrent, d'utiliser un hangar pour ces travaux. Ce hangar dépourvu de paillasses de chimie et de hottes[11] était meublé seulement de tables de bois; il y pleuvait parfois et le chauffage était assuré,[12] bien insuffisamment, par un poêle; les traitements dégageant des vapeurs acides devaient être faits dans une petite cour contiguë.

Au cours de leurs expériences, Pierre et Marie Curie utilisèrent, pour noter leurs mesures, trois petits carnets à couverture de toile noire,[13] dans lesquels on peut suivre toutes les étapes de la découverte. Les dates ne sont pas notées quotidiennement, mais il y en a suffisamment pour situer les expériences par rapport aux dates des publications et pour voir la durée des diverses étapes des recherches. Ces carnets ont été utilisés entre la fin de l'année 1897 et le mois de juillet 1900.

Au début, les carnets contiennent très peu de texte: en géneral seulement l'indication de la nature du produit mesuré, et de quelque modification expérimentale telle que: on chauffe, on fait passer de l'air dans la chambre, etc. Il n'y a presque jamais de titre indiquant le but d'une expérience et très rarement une phrase pour en indiquer le résultat. Par la suite,[14] il y a des descriptions détaillées de traitements chimiques, aspect des produits obtenus, etc., mais toujours pas de commentaire des résultats. Cependant, connaissant la nature du travail et les publications, et en essayant de se remettre dans l'état d'esprit d'un scientifique ayant les connaissances[15] que l'on avait à cette époque, on peut reconstituer assez bien la marche des recherches. C'est ce que j'ai tenté de faire ici. L'objet et les conclusions des expériences sont indiquées par moi, mais ne se trouvent pas dans le texte des carnets.

Le premier carnet avait été commencé par Pierre Curie le 16 septembre 1897;

H

tout le début est de son écriture et concerne l'étude de cristaux de pyrite de fer au point de vue de leurs propriétés thermo-électriques. Le 16 décembre, Marie Curie commence son travail sur le rayonnement de l'uranium. Le reste du carnet est presque entièrement de son écriture, avec occasionnellement une note en marge, quelques chiffres, une courbe, de la main de Pierre Curie, qui montrent qu'il suivait de près les progrès du travail. A partir du 18 mars 1898, Pierre Curie avait abandonné les autres recherches qu'il avait en cours et, dans les autres carnets, on voit alterner, d'une page à l'autre ou sur une même page les deux écritures dont l'aspect général est bien caractéristique: Marie Curie écrit d'une manière claire et nette, ses mesures sont bien disposées en colonnes régulières; Pierre Curie écrit petit, d'une façon un peu désordonnée qui tourne parfois au griffonnage.[16] Au début de leur travail commun, Pierre et Marie Curie font souvent des mesures ensemble: on voit, par exemple, les mesures écrites de la main de Marie Curie, la valeur du courant étant notée par Pierre Curie qui se tenait probablement à côté d'elle et faisait les moyennes et les calculs. Plus tard, au moment où de nombreux traitements chimiques étaient en cours, Pierre et Marie Curie eurent sans doute trop à faire pour continuer à travailler ainsi; on voit qu'ils se relayaient pour un même traitement, sans doute quand l'un ou l'autre avait un empêchement,[17] ou bien ils suivaient chacun un produit différent et écrivaient alternativement leurs opérations sur le carnet.

Contrairement à ce que l'on croit généralement, Pierre Curie s'est occupé autant du travail chimique que des mesures physiques et un très grand nombre des schémas de traitement sont écrits de sa main. Il a fait aussi certaines des déterminations de poids atomique de baryum radifère.

J'essaie de donner ici une idée de la suite des expériences avec indication approximative des dates. J'indique aussi la date des publications et la nature des résultats publiés. La découverte du polonium a été faite en six mois, celle du radium a été publiée un an après le début du travail.

The physiological effects of radium

* Dernier et émouvant miracle: le radium peut[18] quelque chose pour le bonheur des humains. Il deviendra leur allié contre un mal atroce, le cancer.

Les savants allemands Walkhoff et Giesel ayant annoncé en 1900 que la substance nouvelle avait des effets physiologiques, Pierre Curie, indifférent au danger, expose aussitôt son bras à l'action du radium. A sa joie, une lésion apparaît! Dans une note à l'Académie, il décrit avec flegme les symptômes observés:

'La peau est devenue rouge sur une surface de six centimètres carrés; l'apparence est celle d'une brûlure, mais la peau n'est pas, ou est à peine,[19] douloureuse. Au bout de quelque temps, la rougeur, sans s'étendre, se mit à augmenter d'intensité; le vingtième jour, il se forma des croûtes,[20] puis une plaie que l'on a soignée par des pansements; le quarante-deuxième jour, l'épiderme a commencé à se reformer sur les bords, gagnant le centre, et cinquante-deux jours après l'action des rayons, il reste[21] encore à l'état de plaie une surface d'un centimètre carré, qui prend un aspect grisâtre indiquant une mortification plus profonde.

Ajoutons[22] que Mme Curie, en transportant dans un petit tube scellé quelques centigrammes de matière très active, a eu des brûlures analogues, bien que le petit tube fût enfermé dans une boîte métallique mince.

En dehors de ces actions vives,[23] nous avons eu sur les mains, pendant les recherches faites avec les produits très actifs, des actions diverses. Les mains ont une tendance générale à la desquamation; les extrémités des doigts qui ont tenu les tubes ou capsules renfermant des produits très actifs deviennent dures et parfois très douloureuses; pour l'un de nous, l'inflammation de l'extrémité des doigts a duré une quinzaine de jours et s'est terminée par la chute de la peau, mais la sensibilité douloureuse n'a pas encore complètement disparu au bout de deux mois.

Henri Becquerel, en transportant dans la poche de son gilet un tube de verre qui contient du radium, est brûlé aussi—mais sans l'avoir souhaité![24] Emerveillé et furieux, il court chez les Curie, pour se plaindre des exploits de leur enfant terrible. Il déclare en manière de conclusion:

— Ce radium, je l'aime, mais je lui en veux![25]

... Puis il se hâte de noter les résultats de son expérience involontaire, qui paraîtront aux *Comptes Rendus* du 3 juin 1901, à côté des observations de Pierre.

Frappé de ce surprenant pouvoir des rayons, Pierre étudie l'action du radium sur les animaux. Il collabore avec des médecins de haut rang, les professeurs Bouchard et Balthazard. Leur conviction est bientôt faite: en détruisant les cellules malades, le radium guérit des lupus, des tumeurs, certaines formes du cancer. Cette thérapeutique prendra le nom de Curiethérapie. Des praticiens français (Daulos, Wickam, Dominici, Degrais, etc.) appliquent avec succès les premiers traitements à des malades. Ils emploient des tubes d'émanation du radium prêtés par Marie et Pierre Curie.

The size of the atom

* Vers 1900, on se représentait l'atome comme une sphère de très petite dimension, environ cent mille fois plus petite qu'une cellule biologique. Cette sphère devait contenir des granules d'électricité négative, appelées électrons, atomes d'électricité qui venaient d'être découverts, tandis qu'une charge d'électricité positive, égale à la charge négative totale des électrons, se trouvait répartie uniformément dans la sphère. L'atome est ainsi électriquement neutre. C'était le modèle du célèbre physicien anglais J. Thompson. On pouvait déjà se représenter toute la matière qui nous entoure de la façon suivante:

Une espèce chimique définie, c'est-à-dire un corps pur comme l'eau, le sucre, l'alcool, la chaux, etc., est constituée de molécules de même espèce, chacune d'elles étant à son tour composée d'un assemblage d'un petit nombre d'atomes. L'eau, par exemple, est constituée de molécules d'eau, chacune de celles-ci étant le résultat de la combinaison de deux atomes d'hydrogène et d'un atome d'oxygène. On connaît aujourd'hui peut-être 300.000 molécules d'espèces différentes et il suffit des 92[26] matériaux de construction différente que sont les atomes des éléments chimiques contenus dans la nature pour en faire la synthèse. On savait déjà que les dimensions, les masses de ces atomes et de ces molécules étaient extrêmement petites. Il en résulte qu'un gramme de matière quelconque contient un nombre prodigieusement grand d'atomes. Ce nombre est plus grand que le nombre de grains de blé obtenus sur la terre depuis qu'on cultive cette céréale. Il peut se représenter par un chiffre suivi de 23 zéros.

On doit au grand savant français Jean Perrin d'avoir fait[27] de la notion d'atome une réalité objective. Il faut remonter aux environs de 1911, grâce aux travaux de Rutherford et Niels Bohr, pour se représenter l'atome comme étant constitué d'un noyau central cent mille fois plus petit que l'atome, dans lequel se trouve concentrée presque toute la masse chargée positivement. Autour de ce noyau, à des distances relativement grandes, sont distribués des électrons en nombre égal à la charge positive du noyau. On peut, à une échelle prodigieusement agrandie,[28] se représenter ces dimensions en imaginant l'atome comme occupant une sphère dont un grand cercle aurait la dimension de la place de la Concorde à Paris : le noyau serait un pépin d'orange placé au centre. La matière est donc faite de beaucoup de vide, avec très peu d'espace occupé par les noyaux et les électrons.

The transmutation of elements

** La radioactivité naturelle, comme celle du polonium, du radium, de l'uranium, par exemple, nous donne des exemples de transmutations spontanées. Le noyau de l'atome polonium se désintègre en émettant une particule alpha qui est un noyau d'hélium et se transforme ainsi spontanément en un noyau d'atome de plomb. La particule alpha est lancée avec une grande vitesse, de l'ordre d'un vingtième de celle de la lumière, qui est de 300.000 km. à la seconde. S'il n'était pas freiné, et son énergie cinétique rapidement absorbée dans la matière qu'il traverse, l'air de l'atmosphère par exemple, il mettrait[29] environ 25 secondes pour atteindre la lune.

Provoquer artificiellement la transmutation d'un élément chimique en un autre élément fut le rêve des alchimistes depuis le moyen âge. Ils recherchaient notamment la pierre philosophale qui devait avoir le pouvoir, entre autres propriétés, de transformer le plomb en or. Ils furent en général patronnés par les rois et les princes, soucieux de renflouer leurs finances[30] et de payer les dettes de l'Etat. Nombreux furent les alchimistes qui, de peur d'être chassés ou même pendus, firent croire au succès de leurs travaux et réalisèrent des alliages vulgaires ayant l'aspect de l'or, qui permirent parfois de faire de la fausse monnaie. Le rêve des alchimistes, durant le XIXe siècle, fut abandonné par les savants sérieux et il fallut attendre environ cinq années après la découvertes des radioéléments naturels pour que les tentatives, cette fois conduites par des savants authentiques, fussent entreprises.

L'idée directrice était la suivante : puisque la transmutation d'un radioélément naturel était due à l'émission spontanée par le noyau d'une particule de grande énergie, celle-ci, une fois émise,[31] devait pouvoir, en rencontrant un noyau d'un atome, provoquer une catastrophe, le transformer en un noyau d'un atome différent.

Les premières tentatives échouèrent et c'est Ernest Rutherford, savant anglais, qui eut l'immense mérite de provoquer la première transmutation artificielle en 1919.

Bombardant l'azote avec les rayons alpha émis par un radioélément descendant du radium, il constata l'émission de rayons qu'il reconnut être des protons ou noyaux de l'atome d'hydrogène. Le projectile (particule alpha) rencontrant la cible (noyau d'azote) s'y incorpore, tandis qu'un proton, constituant des noyaux,[32] est projeté. Le noyau final est donc différent du noyau initial : en définitive, un atome d'azote est transmuté en atome d'hydrogène existant dans la nature. Etant données[33] les très petites dimensions des projectiles et des cibles la chance de rencontre est extrêmement faible : il faut envisager un million de projectiles traversant l'azote pour provoquer une transmutation. Le résultat n'en était pas moins fondalement et prodigieusement intéressant. Il excita l'intérêt de nombreux chercheurs qui réussirent de la même façon, dans les années qui suivirent jusqu'en 1930, à transmuter presque tous les éléments, jusqu'au potassium.

1. It is now fifteen years since
2. All the substances which emanated
3. Was being born
4. Has been kind enough to mark the advent
5. Has not ceased to progress
6. According to which
7. Corner stone
8. On account of
9. I am anxious to remind you
10. But is closely linked to the joint undertaking
11. Benches and fume cupboards
12. It was heated
13. Notebooks bound in black cloth
14. Later

15. By endeavouring to place oneself inside the mind of a scientist with the knowledge
16. Which sometimes turns into a scribble
17. When one or the other was held up
18. Can do
19. Or is hardly
20. Scabs appeared
21. *Say:* A sore still remains over a surface . . .
22. Let me add that . . . when
23. In addition to these biological effects
24. Unintentionally
25. I am fond of it, but I bear it a grudge
26. The 92 . . . are sufficient to
27. *Say:* It is the great French scientist . . . who turned . . . into
28. On a prodigiously magnified scale
29. It would take
30. Eager to replenish their coffers
31. The latter, once emitted, should be able to
32. A constituent of the nuclei
33. In view of

ROSTAND

Jean Rostand (b. 1894) is a leading French biologist with a talent for elegant popularisations. He was elected to the Académie Française in 1959. This extract is taken from his *Aux Frontières du surhumain* (1962).

Parthenogenesis by cooling

** Il est connu depuis longtemps qu'en refroidissant des oeufs de Bombyx du murier (du moins dans les races dites *univoltines* et n'ayant qu'une génération par an), on peut avancer l'éclosion, pour obtenir des larves en été, au lieu d'avoir à attendre le printemps suivant. C'est Emile Duclaux—l'ami et disciple de Pasteur—qui, le premier, précisa les conditions de cette technique d'éclosion précoce par le froid.

L'effet stimulateur du froid peut aller jusqu'à provoquer le développement d'un oeuf vierge: une parthénogenèse abortive par le froid a été réalisée chez l'Etoile de mer[1] par Greeley et chez la grenouille par Bataillon.

Mieux encore, chez les Mammifères, Pincus, Pincus et Shapiro obtiennent par le froid la *parthénogenèse complète* : usant d'un procédé fort simple, qui consiste à faire passer un courant d'eau glacée autour des trompes utérines, là où se trouvent les ovules vierges, ces expérimentateurs ont, vers 1939, réussi à faire naître quelques petits *lapins sans père*.

L'expérience n'a pas été entièrement reproduite par d'autres chercheurs; mais, en France, Charles Thibault a confirmé chez la lapine l'action parthéno-génisante du froid. Quant à Chang, en Amérique, il a pu préciser que, si les embryons nés de cette parthénogenèse se développent très rarement, c'est parce que—pour une raison encore mal définie—ils s'implantent difficilement sur la muqueuse utérine de la mère . . .

On peut envisager la possibilité d'une parthénogenèse humaine par l'action d'un refroidissement général de l'organisme. La candidate à une maternité vierge serait mise en hibernation profonde:[2] elle se réveillerait enceinte!

L'action du froid sur l'oeuf de lapine paraît être double: non seulement il l'excite, le stimule, pour le provoquer à 'la parthénogenèse, mais encore il l'amène à *doubler le nombre de ses chromosomes*. Ce point vaut qu'on l'approfondisse quelque peu.[3]

Un individu né d'un oeuf vierge, un être 'parthénogène', porte, en principe,[4] deux fois moins de chromosomes (les chromosomes étant les agents principaux de l'hérédité) qu'un individu issu de deux parents. Donc, il ne devrait pas être viable. Mais les lapins parthénogènes de Pincus, au contraire, étaient vigoureux et normaux. Pourquoi? Parce qu'ils portaient le nombre entier de chromosomes (2N), à savoir un double stock de chromosomes maternels, au lieu d'avoir, comme les êtres normaux, un stock de chromosomes maternels et un stock de chromosomes paternels.

Le refroidissement a donc en pour effet de doubler le nombre des chromosomes dans l'oeuf vierge: effet qui avait déjà été constaté en 1934 au cours d'expériences réalisées sur les oeufs de crapaud.

La même technique de refroidissement étant appliquée[5] non plus à l'oeuf vierge mais à l'oeuf fécondé, on peut faire naître des individus ayant un plus grand nombre de stocks chromosomiques qu'ils n'en doivent avoir: trois ou quatre au lieu de deux, par exemple.

1. Has been carried out in the starfish
2. *Say:* One would place in a state of deep hibernation
3. Deserves some amplification
4. As a rule
5. *Say:* By applying . . .

TEILHARD DE CHARDIN

The place of the philosopher in scientific debate is open to argument. Some philosophers have created their own systems superimposed on the physical world; others have tried to reconcile science and ethics or discover the hidden significance and purpose of scientific laws. Pierre Teilhard de Chardin (1881–1955) was led by a deep interest in archeology to speculate on the problem of evolution, especially as it affects man. He belonged to the Jesuit order, probably the most scholarly order in the Roman Catholic Church. He taught chemistry and physics in Cairo, studied geology in England, worked under Marcellin Boule, professor of paleontology at the Paris Muséum and obtained his doctorate in 1922. For most of the years 1923 to 1946 he worked in China, first on the geological survey of that vast country, later on various scientific expeditions, and was closely connected with the discovery of Sinanthropus. He was elected to the Académie des Sciences in 1950. Most of his writings on man and evolution —fairly abstruse and marked by neologisms—were published only towards or after the end of his life: *Le Phénomène humain* (1955), *Le Groupe zoologique humain* (1956), *La Vision du passé* (1957), *L'Avenir de l'homme* (1959). The delay was largely due to his fellow churchmen, who have always found it difficult to accept evolution as part of the process of creation. Teilhard de Chardin took the question further—has evolution ceased and is creation completed? or is the process continuing? Basing himself on the latter hypothesis, he speculated that the multi-cellular structure of more advanced forms of life might be paralleled by the growth of social man and the development of cohesive societies in what he termed a converging world. The final goal of evolution might therefore be the creation of a total society in which all the separate parts would work smoothly together like the cells of the body. Thus the wheel of scientific enquiry continues to revolve around the problem of man—from man in the cosmos, to man in society, to the very purpose of man's existence.

Humanity in evolution

*** De toute évidence, la socialisation (ou association en symbiose, sous liaisons psychiques, de corpuscules histologiquement libres et fortement individualisés) trahit une propriété primaire et universelle de la Matière vitalisée. Il suffit, pour s'en convaincre, d'observer combien (à la mesure et suivant les modalités particulières de son 'type d'instinct') chaque lignée animale, parvenue à maturité spécifique,[1] laisse poindre, à sa manière, une tendance à grouper, sous forme de complexes supra-individuels, un nombre plus ou moins grand des éléments qui la composent. A ces niveaux préréfléchis toutefois (spécialement chez les Insectes) le rayon de socialisation—si poussée soit cette dernière[2]—reste toujours très faible, ne dépassant point, par exemple, le groupe familial. On peut donc dire qu'avec l'Homme c'est un chapitre nouveau qui s'ouvre pour la zoologie, lorsque, pour la première fois dans les fastes de la Vie,[3] ce ne sont plus quelques feuilles isolées, mais c'est un phylum—et mieux encore un phylum ubiquiste— tout entier qui tout d'un coup, et en bloc, fait mine de se totaliser.[4] L'Homme, apparu comme une simple espèce; mais graduellement élevé, par jeu d'unifica- tion ethnico-sociale, à la situation d'enveloppe spécifiquement nouvelle de la Terre. Mieux qu'un embranchement; mieux qu'un Règne même: ni plus ni moins qu'une 'sphère',—la Noosphère (ou sphère pensante) super-imposée coextensivement (mais en combien plus lié et homogène!) à la Biosphère.

A l'étude[5] du développement et des propriétés de cette nouvelle unité de dimensions planétaires seront entièrement consacrés le présent chapitre et le chapitre suivant;—la thèse admise au départ[6] (et justifiée en cours de route) étant que, si la socialisation (comme prouvé par ses effets 'psychogéniques') n'est pas autre chose, dans tous les cas, qu'un effet supérieur de corpusculisation, la Noosphère, ultime et suprême produit, chez l'Homme, des forces de liaison sociales, ne prend un sens plein et définitif[7] qu'à une condition: c'est qu'on la regarde, dans sa totalité globale, comme formant un seul et immense corpuscule où s'achève, après plus de six cents millions d'années, l'effort biosphérique de cérébralisation . . .

Le remarquable pouvoir d'expansion caractéristique du groupe zoologique humain est évidemment lié chez lui aux progrès de la socialisation. C'est pour être devenue capable,[8] par accès à la Réflexion, d'assembler et d'arc-bouter indéfiniment entre eux les éléments qui la composent, que l'Humanité, dernière- née de l'Evolution, a pu si rapidement faire sa place à travers, et finalement par-dessus, tout le reste de la Biosphère. Dans ces conditions, il est naturel que le peuplement de la Terre nous apparaisse, observé de maintenant, comme s'étant opéré par pulsations successives, d'amplitude croissante—chaque nouvelle pulsation correspondant à un nouveau et meilleur arrangement social de la masse hominisée.

1. Having reached its specific point of maturity
2. However developed it may be
3. For the first time in the annals of Life
4. Shows signs of becoming all-embracing
5. *Begin:* The present chapter . . .
6. The thesis stated at the start
7. Only takes on a comprehensive and definitive meaning
8. It is because it became able

SUGGESTIONS FOR FURTHER READING

Quite properly, since science is international, there are few books available which deal exclusively with the French contribution to scientific knowledge. There exists, however, a very thorough four-volume *General History of the Sciences* edited by a Frenchman, René Taton, published by Thames and Hudson in 1964-6; it contains useful bibliographies. Less formidable works abound. Herbert Anthony's *Science and its Background* (Macmillan, 1961) gives an outline of the development of science and relates it closely to world affairs and the lives of individual scientists. J. D. Bernal's *Science in History* (Penguin, 1969) attempts a re-examination of the reciprocal relations of science and society. Sir William Dampier's *A History of Science and its Relations with Philosophy and Religion* has been updated and was reissued by Cambridge University Press in 1966. Dijksterhuis and Forbes turned their attention to technology in *A History of Science and Technology* (2 volumes, Penguin, 1963). Arthur Koestler's *The Sleepwalkers* (Penguin, 1968) is a highly readable 'survey of man's changing vision of the universe which encloses him'.

Works on specific periods allow for greater attention to individual scientists. Herbert Butterfield's *The Origins of Modern Science 1300–1800*, first published in 1949, is a lucid and most readable study which has been reprinted on a number of occasions; but like Alfred Hall's *The Scientific Revolution 1500–1800: the formation of the Modern Scientific Attitude* (Longmans, 1962) it is still a broad survey. Abraham Wolf's *A History of Science, Technology and Philosophy in the Sixteenth and Seventeenth Centuries* (Allen & Unwin, 1962), with a companion volume covering the eighteenth century, concentrates on shorter but crucial periods. Robin Briggs' *The Scientific Revolution of the Seventeenth Century* (Longmans, 1970) and *Early Seventeenth Century Scientists*, edited by R. Harré and published by Pergamon in 1965, further narrow the focus and accordingly provide detailed studies of the work of leading scientists.

Several useful works on specific periods in French history are available. H. Brown's *Scientific Organizations in Seventeenth Century France*, first published in Baltimore in 1934, was reissued by Russell & Russell in 1967. It is a fully documented examination of the circumstances that led to the founding of the Académie Française and the Académie des Sciences. Thomas Bugge's *Science in France in the Revolutionary Era* (M.I.T. Press, 1969), belies its title a little: it is an account by a Danish astronomer of his six-month stay in Paris in 1798-9 to attend a scientific conference. The better linguist who is bold enough to go direct to a French text should try J. Fayet's *La Révolution française et la science 1789–1795* (Paris, Rivière, 1960). Maurice P. Crosland, who supplied an introduction and commentary for the Thomas Bugge volumes, has also written *The Society of Arcueil: a View of French Science at the time of Napoleon I* (Heinemann, 1967) which deals with the effect of the political situation on men of science and Bonaparte's attitude to science.

Eduard Farber's *Great Chemists* (New York, Interscience, 1961) contains biographies of many French scientists; Phillipp Lénard's *Great Men of Science: a History of Scientific Progress* (Bell, 1933) ranged more widely to include mathematicians and physicists, but there are surprising omissions in it. The Institut de France published in 1954 a most useful and comprehensive *Index biographique des membres et correspondants de l'Académie des Sciences 1666–1954*. All these, inevitably, provide only brief biographies; the student who wishes to know more about a particular scientist will need to turn to the full biographical studies which at one time or another have been written about almost every significant French man of science—but alas only infrequently translated into English. William Coleman's *George Cuvier, Zoologist* (Harvard University Press, 1964) is a biographical appreciation, at once readable and scholarly. Lavoisier, not surprisingly in view of his dramatic life and his important role in chemistry, continues to be the object of biographers' attentions. S. R. Riedman's *Antoine Lavoisier, Scientist and Citizen* (Nelson, 1957) was written for younger readers and would serve as an admirable introduction to the life and works of the 'father of modern chemistry'. D. McKie's *Antoine Lavoisier; Scientist, Economist, Social Reformer* (Constable, 1952) is a well-rounded biography, set against the clearly presented background of the French Revolution. Henry Guerlac's *Lavoisier, the Crucial Year* (Cornell University Press, 1961) is a detailed and well documented study of Lavoisier's 1772 experiments on combustion. More recently his *Essays, Physical and Chemical* have been reprinted in Henry's translation with an introduction by F. Greenaway (Cass, 1971). A number of biographies of Pasteur are available: L. Descour's *Pasteur and his Work* (trans. A. F. and B. H. Weld, Allen & Unwin, 1923) was thorough but dull and has been superseded by René Dubos, *Louis Pasteur, Freelance of Science* (Little Brown, 1950), Jacques Nicolle, *Louis Pasteur: a Master of Scientific Enquiry* (Hutchinson, 1961) and Pasteur Valléry-Radot, *Louis Pasteur: a Great Life in Brief* (Knopf, 1958). Eve Curie's biography of her mother, *Madame Curie*, (Simon & Shuster, 1969) is highly readable, being written in human rather than scientific terms: it is in fact readable enough for an energetic if average student to tackle in the original French. Finally Dover Publications have in recent years issued a number of translations of the writings of modern French scientists.

HINTS ON TRANSLATION

Translating is a scientific process like any other. The ideas expressed in the foreign language are to be expressed anew in one's own. Nothing must be added; nothing omitted. One might go so far as to compare this operation to a chemical transformation in which the components are rearranged but neither lost nor increased. The translator should check that none of the ideas—or qualifying words—found in the original are omitted. 'Good results' is no more a correct translation of 'de très bons résultats' than 'de bons résultats' would be an accurate rendering of 'very good results'.

Translating into one's own language rests on the correct *identification* of the foreign words, firstly with regard to their function in the sentence and then to their specific meaning in the precise context. The structure of the French sentence—subject, verb, complement—is straightforward, but the student must be on the look-out for the inversion of subject and complement which frequently occurs with the relative *que*, and for the negative or restrictive effect of *ne* or *ne . . . que*.

The Vocabulary that follows contains most words likely to trouble the average student, but omits the more common words or those that are easily identifiable because of their similarity to the corresponding English term (e.g. *prisme, théorie*), even though similarity does not always imply synonymity: *expérience* in a scientific context usually means experiment, not experience. Most adverbs have been omitted since the adverbial ending *-ment* corresponds to the English suffix -ly and identification presents no problems. Other equivalent suffixes are: *-é* (Engl. -ed, e.g. *arrangé*=arranged), *-ir* (Engl. -ish, e.g. *finir*=finish), *-eur* (Engl. -or, e.g. *docteur*=doctor). The prefix *re-* used with almost any verb indicates an action which is being repeated, e.g. *commencer, recommencer,* and accordingly a number of *re-* verbs have been omitted from the vocabulary.

Finally, the student should bear in mind the French practice of using adjectives as nouns, of forming a passive by using the reflexive form of the verb, and the frequent use of *faire* with another verb to express the idea of having something done, e.g. *faire cesser* to have stopped—or even *faire faire*, to have made.

VOCABULARY

s'abaisser, to subside
abonder, to be abundant
d'abord, first of all
aborder, to take up
aboutir, to result in, to reach
abstrait (m), abstract
acception (f), meaning
acclimater, to acclimatise
accoutumer, to accustom
accroitre, to increase
achever, to complete
acide (m), acid; —carbonique,
    carbon dioxide
acoustique (f), acoustics
acquérir, to acquire
âcre, bitter
actuel, present
adhérent, adhering
admettre, to admit, accept
adresse (f), skill
s'affaiblir, to weaken
affection (f), property
afin que, so that
agir, to act
il s'agit de, it is a matter of
agiter, to agitate
aider, to assist
aigu, sharp
ailé, winged
d'ailleurs, moreover
aimant (m), magnet
aimanté, magnetised
ainsi, thus; pour—dire,
    so to speak
air (m), air, appearance
ajouter, to add
algébrique, algebraic
aliment (m), food
allemand, German

alliage (m), alloy
allonger, to elongate
allumer, to light
alors, then; —que, whereas
altérer, to change
alterner, to alternate
amaigrissement (m), thinning
amas (m), mass
âme (f), soul, mind
amener, to bring along
ami (m), friend
s'amincir, to grow thinner
ampleur (f), extent
analogue, similar
analyse (f), analysis
ancien, old
anéantir, to destroy
animé, animate
anneau (m), ring
année (f), year
annoncer, to announce
antérieur, earlier
apercevoir, to notice
aplatir, to flatten
apôtre (m), apostle
appareil (m), apparatus
apparemment, apparently
appartenir, to belong
appeler, to call
appétit (m), appetite
appliquer, to apply
apporter, to bring
apprendre, to learn, to teach
approche (f), approach, bringing
    near
approfondir, to examine
    thoroughly
approprié, appropriate
appuyer, to endorse, to base

après, after; **d'—**, in
    accordance with
arbitraire, arbitrary
arbre (*m*), tree
arc-bouter, to buttress
ardu, difficult
argent (*m*), silver
arrêter, to stop
arriver, to arrive, to happen
arrondi, rounded
assainisseur, purifying
assécher, to dry out
assembler, to gather
assez, enough, fairly
assidu, assiduous
assiéger, to besiege
associé (*m*), associate
assujetti, subject to
astre (*m*), star
astronome (*m*), astronomer
attablé, at table
attacher, to tie; **s'—**, to apply
    oneself
atteindre, to reach
attendre, to wait, to expect
attendu que, seeing that
attirer, to attract
attribuer, to attribute
aucun, any, none
aucunement, in no way
audace (*f*), boldness
au-delà, beyond
au-dessous, underneath
au-dessus, above
auditoire (*m*), audience
augmenter, to increase
aujourd'hui, today
auparavant, formerly
auprès, near
aurore (*f*), dawn
aussi, also
aussitôt, at once
autant, as much as; **—que**,
    for as long as
auteur (*m*), author
autour, around
autre, other

autrefois, formerly
autrement, otherwise
auxquels, to which
d'avance, in advance
avancer, to advance, come
    forward, claim
avant, in front, ahead
avantage (*m*), advantage
avec, with
avenir (*m*), future
avertir, to warn
aveugle, blind
s'aviser de, to take upon oneself
axe, axis
azote (*m*), nitrogen

bain (*m*), bath
baleine (*f*), whale
ballon (*m*), balloon flask, bulb
bas, low; (*m*), lower end
bataille (*f*), battle
bâtiment (*m*), building
bâtir, to build
battre, to beat
beau, beautiful
beaucoup, much
bec de Bunsen, Bunsen burner
besoin (*m*), need
bien, well; (*m*), good; **—des**,
    many; **—plus**, far more;
    —que, although
bientôt, soon
billet (*m*), note
blé (*m*), wheat
blesser, to wound
boire, to drink
bois (*m*), wood
bombance (*f*), feasting
bombyx du murier (*m*),
    silkworm moth
bonheur (*m*), happiness
bord (*m*), edge
boréal, northern
borne (*f*), boundary mark
se borner, to restrict oneself
bouchée (*f*), mouthful
boucher, to block

bouchon (*m*), cork
bouée (*f*), buoy
bouger, to move
bougie (*f*), candle
bouillir, to boil
bouleversement (*m*), upheaval
bousier (*m*), dung beetle
bout (*m*), end
bras (*m*), arm
bref, brief
breuvage (*m*), beverage
brillant (*m*), shine, glitter
briller, to shine
briser, to break
brûler, to burn
brûlure (*f*), burn
brun, brown
brusquement, suddenly
brut, raw
bruyant, noisy
but (*m*), aim

cabinet (*m*), collection, display
cacher, to hide
cadran (*m*), dial
cadre (*m*), frame
caduc, ineffective
calcaire, calcareous
calcul (*m*), calculation, calculus
campagne (*f*), countryside
cannelle (*f*), cinnamon
car, for
caractère (*m*), characteristic
carié, diseased
carré, square
carte (*f*), map; —céleste,
  planisphere
cas (*m*), case
casser, to break
cassure (*f*), break
à cause de, because of
cave (*f*), cellar
ceci, this
célèbre, famous
céleste, celestial
cellule (*f*), cell

celui (celle), the one; — -ci,
  this one, the latter; — -là,
  the former
cent, hundred
centaine, hundred
centième (*m*), hundredth
cependant, however
ce que, what
cerveau (*m*), brain
cesse (*f*), cease
cesser, to cease
chacun, each one
chaleur (*f*), heat
chambre (*f*), room
chambrée, chambered
champ (*m*), field
changement, change
chanter, to sing
chapitre (*m*), chapter
chaque, each
charger, to load
charmant, delightful
charmer, to carry along
chasse (*f*), chase
chasser, to chase away
chaud, hot
chauve-souris (*f*), bat
chaux (*f*), lime
chef-d'œuvre (*m*), masterpiece
chemin (*m*), way
chêne (*m*), oak
chenille (*f*), caterpillar
chercher, to seek, fetch
cheval (*m*), horse
chiffre (*m*), figure
chimère (*f*), fanciful notion
chimie (*f*), chemistry
chimique, chemical
chlore (*m*), chlorine
chlorhydrique, hydrochloric
chlorure (*m*), chloride
choisir, to choose
chose (*f*), thing
chrétien, Christian
Chrétienté (*f*), Christendom
chrysalide (*f*), chrysalis
chute (*f*), fall

I

cible (*f*), target
ciel (*m*), heaven, sky
circonférence (*f*), circumference
circonstance (*f*), circumstance
circuler, to circulate
citer, to mention
citoyen (*m*), citizen
clairement, clearly
clarté (*f*), light
classer, to classify
climat (*m*), climate
coin (*m*), corner
col (*m*), neck
colline (*f*), hill
colonne (*f*), column
se colorer, to assume a colour
combattre, to fight
combien, how much
combinaison (*f*), combination
comme, like, as
commençant (*m*), beginner
commode, convenient
commun, common
compenser, to compensate
compliqué, complicated
se comporter, to behave
composé (*m*), compound
compter, to reckon
concevoir, to imagine
conclure, to conclude
conduire, to lead
confiance (*f*), confidence
confier, to entrust
confondre, to confuse
conformément à, in accordance with
confrère (*m*), colleague
conique, conical
connaissance (*f*), knowledge
connaître, to know; faire—, to make known
connu, known
conquête (*f*), conquest
consacrer, to devote
conscience (*f*), awareness
conseil (*m*), council, advice
par conséquent, consequently

conserver, to retain
considérer, to consider
consommateur (*m*), consumer
constater, to notice, to record
construire, to build
contenance (*f*), countenance
contenir, to contain
contigu, contiguous
contraindre, to force
contraint, forced
contraire (*m*), opposite; au—, on the contrary
contre, against
convaincre, to convince
convertir, to convert
convive (*m*), guest
coordonner, to coordinate
coque (*f*), shell
coquille (*f*), shell
cormier (*m*), service tree
corne (*f*), horn
corps (*m*), body
corriger, to correct
corrompre, to corrupt; se—, to be corrupted
côte (*f*), coast
côté (*m*), side; de—, aside
cou (*m*), neck
couche (*f*), layer
se coucher, to set
couler, to run
couleur (*f*), colour
coup (*m*), blow; tout d'un—, all at once
coupe (*f*), cut, cup
couper, to cut
cour (*f*), yard
courant, current
courbe (*f*), curve, graph; (*adj*), curved
courbure (*f*), bend
courir, to run
cours (*m*), course
court, short
couteau (*m*), knife
coutume (*f*), custom
couvrir, to cover

craindre, to fear
crainte (*f*), fear
crapaud (*m*), toad
crasse (*f*), dirt
crédit (*m*), grant
créer, to create
crépuscule (*m*), twilight
crête (*f*), crest
creuser, to dig
creux, hollow
croire, to believe
croissant (*m*), crescent
croître, to grow
croupe (*f*), ridge
croupir, to stagnate
cuirassé (*m*), battleship
culbuter, to overturn
culture (*f*), cultivation

dague (*f*), dagger
dauphin (*m*), dolphin
davantage, more
déblais (*m*), spoil earth
débordement (*m*), flood
début (*m*), beginning
débuter, to begin
déçà, within
découvert, discovered, open
découverte (*f*), discovery
découvrir, to discover
décrier, to disparage
décrire, to describe
dédoubler, to divide into two
déduire, to deduce
définir, to define
dégager, to free, to separate
dégagement (*m*), release
degré (*m*), degree
déguiser, to disguise
dehors, outside
déjà, already
delà, beyond
délasser, to relax
demain, tomorrow
démêler, to unravel
demeurer, to remain
démontrer, to demonstrate

dénombrement (*m*), census
dent (*f*), tooth
dénué, lacking
dépasser, to exceed
dépendre, to depend
déplacer, to displace
déposer, to deposit
dépôt (*m*), deposit
dépouiller, to strip; **être—**, to lack
dépourvu, lacking
depuis, since, from
dernier, last; — -**né**, last born
derrière, behind
dès, as soon as; —**lors**, from then on
desquels, of which
dessin (*m*), design, drawing
dessous, below
dessus, above
destituer, to deprive
déterminer, to determine, **to** impel
détruire, to destroy
deuxième, second
devancer, to forestall
devenir, to become
dévier, to deviate
devoir, to owe, to have to
dévolu, transmitted
diable (*m*), devil
dieu (*m*), god
digérer, to digest
diminuer, to diminish
dioptrique (*f*), dioptrics
dire, to say; **vouloir—**, to mean
diriger, to direct
disconvenir, to disagree
disparaître, to disappear
disponible, available
disséminer, to spread
se **dissiper**, to disappear
dissocier, to dissociate
dissoudre, to dissolve
distinguer, to distinguish
distribuer, to distribute
diurne, diurnal

divers, various
divertissement (*m*), amusement
diviser, to divide
dix-neuf, nineteen
doigt (*m*), finger
dominateur, dominant
dominer, to dominate
dommage (*m*), damage;
   il est—, it is a pity
donc, then, therefore
données (*f*), data
donner, to give
dont, of which, whose
dos (*m*), back
doucement, gently
doué, gifted
douloureux, painful
doute (*m*), doubt
douter, to doubt
doux, gentle
dresser, to erect
droit, straight
dû, owed; *see* **devoir**
duquel, of which, from which
dur, hard
durant, during
durcir, to harden
durée (*f*), duration
durer, to last
dureté (*f*), hardness

eau (*f*), water
échancrure (*f*), notch
échanger, to exchange
échapper, to escape
échauffer, to warm up
échouer, to be stranded, to fail
éclaircir, to clarify
éclaircissement (*m*), elucidation
éclairer, to light
éclatant, brilliant
éclore, to hatch
éclosion (*f*), hatching
école (*f*), school
économie (*f*), organisation
écorce (*f*), bark
écouler, to flow out

écouter, to listen
écrits (*m pl*), writings
écriture (*f*), writing
édit (*m*), edict
effacer, to erase
effet (*m*), effect; **en—,** indeed
effectuer, to effect
s'efforcer, to strive
effiler, to taper out
égal, equal
à l'égard, in connexion with
égarement (*m*), aberration
élaborer, to make
élargir, to widen
électriser, to electrify
élève (*m*), pupil
élever, to raise
éloigné, distant
s'éloigner, to move away from
émailleur (*m*), enameller
embouchure (*f*), rivermouth
embranchement (*m*), branch
émerveillé, amazed
émousser, to smooth
émouvant, moving
s'emparer, to take hold
empêcher, to prevent
emplir, to fill
emploi (*m*), use, employment
emprunter, to borrow
enceinte, pregnant
enchaînement (*m*), train, series
encombrer, to encumber
encore, again, still
encroûté, encrusted
endroit (*m*), place
enfanter, to give birth
enfermer, to confine
enfin, in the end
enfumé, smoked
engager, to commit
enlever, to remove
énoncé (*f*), statement
enquérir, to enquire
s'enraciner, to take root
enseignement (*m*), teaching
enseigner, to teach

ensemble, together
ensuite, then, next
s'ensuivre, to follow (as a consequence)
entendre, to hear, understand
entier, entire; en—, entirely
entour (*m*), surrounding
entourage (*m*), surrounding
entourer, to surround
entrailles (*f*), bowels
entraîner, to bring about, to involve, to drag
entre, between, among
entreprendre, to undertake
entrer, to enter
entretenir, to maintain
entretien (*m*), discussion
environ, approximately
environner, to surround
envisager, to consider
envoyer, to send
épaisseur (*f*), thickness
épaissir, to thicken
épée (*f*), sword
éphémère, ephemeral
épreuve (*f*), test
éprouver, to test, to undergo
épuisé, exhausted
équilibre (*m*), equilibrium
équipage (*m*), retinue
équivoque, ambiguous
erreur (*f*), error
espace (*m*), space
espèce (*f*), species, kind
espérer, to hope
esprit (*m*), spirit, mind
essai (*m*), attempt
essayer, to try
estimer, to consider
estomac (*m*), stomach
estoppé, clogged
établir, to establish, to settle
étage (*m*), floor, level
étain (*m*), pewter
étaler, to spread
étape (*f*), stage
état (*m*), state

été (*m*), summer
s'éteindre, to go out
s'étendre, to extend
étendue (*f*), extent
étiquette (*f*), label
étirer, to stretch out
étoile (*f*), star
étonner, to surprise
étouffer, to stifle
étranger, foreign
être, to be; (*m*), being
étroit, narrow
étude (*f*), study
étudier, to study
évaluer, to evaluate
s'évanouir, to vanish
éveilleur (*m*), awakener
événement (*m*), event
éviter, to avoid
examen (*m*), examination
exclure, to exclude
exemple, example; par—, for example
exercer, to exercise
exiger, to require
expérience (*f*), experiment
expérimentateur, experimenter
expérimenter, to test
explication (*f*), explanation
expliquer, to explain
exposer, to set out
exprès, on purpose
exprimer, to express
extraire, to extract

facile, easy
façon (*f*), manner
faible, slight
faire, to do, make, have done
faisceau (*m*), beam
fait (*m*), fact
fameux, famous
faute (*f*), fault
faux, false, counterfeit
fécond, fruitful
fécule (*f*), starch
fendre, to split

fenêtre (*f*), window
fer (*m*), iron
fermer, to close
festin (*m*), feast
feuille (*f*), leaf
fibrille (*f*), fibril
fidèle, faithful
fidèlement, faithfully
fièvre (*f*), fever
figure (*f*), configuration, shape
fil (*m*), wire
filet (*m*), streak
fils (*m*), son
fin (*f*), end
fini, finished, finite
fixé, fixed; **être—**, to be in no
    doubt
fixer, to fix
fléau (*m*), plague
flegme (*m*), coolness
fleur (*f*), flower
fleuve (*m*), river
flocon (*m*), flake
flotter, to float
foie (*m*), liver
fois, time, occasion; **à la—**,
    at the same time
foncé, dark
fond (*m*), bottom
fondement (*m*), foundation
fonder, to found
fondre, to melt
fonte (*f*), thawing
forme (*f*), shape
former, to form
fort, strong; (*adv*), very
fortune (*f*), destiny, chance
foule (*f*), crowd
fourmiller, to swarm
fournir, to provide
foyer (*m*), centre, source
frais, cool
frapper, to strike
freiner, to brake
froid (*m*), cold
froideur (*f*), cold
frottement (*m*), rubbing

fruitier (*m*), fruit tree
fureur (*f*), fury

gagner, to reach
se garder, to beware of
gâter, to spoil
gaz (*m*), gas
gazeux, gaseous
gelée (*f*), jelly
génie (*m*), genius
genre (*m*), type
gens (*m pl*), people
géographe (*m*), geographer
gilet (*m*), waistcoat
glace (*f*), mirror; **—étamé**,
    silvered—
glacé, icy
glouton (*m*), glutton
gnonomique (*f*), gnonomics
gomme (*f*), gum
gonfler, to swell
goulot (*m*), neck
goût (*m*), taste
goutte (*f*), drop
grâce à, thanks to
graine (*f*), seed
graminées (*f pl*), graminaceae
grand, large
grandeur (*f*), size
gras, greasy
grêle (*f*), hail
grenouille (*f*), frog
grillon (*m*), cricket
gris, grey
grisâtre, greyish
gros, fat, heavy
grosseur (*f*), size
guère, scarcely
guérir, to cure
guérison (*f*), cure
gui (*m*), mistletoe

habitant (*m*), inhabitant
habiter, to inhabit, to live
habitude (*f*), custom, use
habituel, customary, normal
hanter, to haunt

hardi, bold
se hâter, to hasten
hausser, to rise
haut, high; **le—**, upper part
hauteur (*f*), height
hazard (*m*), chance
héritage (*m*), inheritance
heure (*f*), hour
heureux, fortunate
heurter, to knock
hexagone (*adj*), hexagonal
histoire (*f*), history
hiver (*m*), winter
homme (*m*), man
homogène, homogeneous
horloge (*f*), clock
hors, outside
huile (*f*), oil
huitre (*f*), oyster
humecter, to dampen

ici, here
idée (*f*), idea
immondice (*f*), refuse
imparfait, imperfect
impuissant, powerless
inaltérabilité (*f*), permanence
inclinaison (*f*), gradient
incolore, colourless
inconnu, unknown
incroyable, incredible
indécis, undecided
indéfini, indefinite
indéterminé, undertermined
indiquer, to indicate
individu (*m*), individual
induire, to lead
inégale, unequal
inférieur, lower
infini, infinite
influer sur, to have influence over
infusoires (*m pl*), infusoria
ingénieux, ingenious
injure (*f*), injury
inné, inborn
innocuité (*f*), harmlessness

inonder, to flood
s'inquiéter, to worry
inquiétude (*f*), anxiety
inscrire, to write
insuffisant, insufficient
intentionné, disposed
intéressant, interesting
intermédiaire, intermediary
interroger, to question
interrompre, to interrupt
intestin, internal
intimement, intimately
introduire, to introduce
inusité, unused
inutile, useless
invétéré, deep-rooted
iode (*m*), iodine
iodure (*m*), iodide
isolé, isolated
isolement (*m*), isolation

jamais, never
jambe (*f*), leg
jaune, yellow
jeter, to throw
jeu (*m*), action
jeunesse (*f*), youth
jouer, to play
joueur (*m*), player
jouir, to enjoy, to operate
jour (*m*), day
journalier, daily
journée (*f*), day
journellement, daily
juillet (*m*), July
jusque, until; **—à**, up to; **—ici**, until now
justesse (*f*), precision

là, there; **de—**, hence
lac (*m*), lake
lacune (*f*), gap
là-dessus, upon it
laisser, to leave
lame (*f*), strip
lamelleux, flaky
lancer, to throw

lapin (*m*), rabbit
Laponie, Lapland
laquelle, which
large, wide
largeur (*f*), width
laver, to wash
lecteur (*m*), reader
léger, light
légèreté (*f*), lightness
légitime, legitimate
lendemain (*m*), next day
lent, slow
lenteur (*f*), slowness
lentille (*f*), lens
lequel, which
lever (*m*), rising
se lever, to rise
liaison (*f*), link
libre, free
licorne (*f*), unicorn
lien (*m*), link
lier, to link
lieu (*m*), place; avoir—, to take place; donner—, to give rise
ligne (*f*), line
lignée (*f*), stock
ligneux, woody
limon (*m*), silt
liqueur (*f*), liquid
lire, to read
livre (*m*), book
se livrer à, to indulge in
local (*m*), building
loger, to lodge
logis (*m*), residence
loi (*f*), law
lointain, distant
le long de, along
longtemps, long
longueur (*f*), length
lorsque, when
lourd, heavy
luire, to shine
lumière (*f*), light
lumineux, luminous
lune (*f*), moon
lunette (*f*), telescope

lutte (*f*), struggle
luxé, sprained

magie (*f*), magic
main (*f*), hand
maintenant, now
mais, but
maître (*m*), master
mal, badly; (*m*), evil
malade, sick
malgré, in spite of
malheur (*m*), misfortune
mammifère (*m*), mammal
manger, to eat
manier, to handle
manière (*f*), manner; de—que, so that
manquer, to miss, to be deficient
mappemonde (*f*), world map
marge (*f*), margin
mars (*m*), March
mathémathique (*adj*), mathematical
matière (*f*), matter
matin (*m*), morning
maux (*m pl*), evils
mécanique, mechanical; la—, mechanics
médecin (*m*), physician
méditer, to meditate, to reflect
meilleur, better; le—, the best
mélange (*m*), mixture
mêler, to mix
membre (*m*), limb
même, same, even, very; lui- —, himself; elle- —, herself
menacer, to threaten
menu, tiny
mer (*f*), sea
mercure (*m*), mercury
méridional, southern
merveilleux, marvellous
mesure (*f*), method of measurement; à—que, in proportion as
mesurer, to measure
métaphysique, metaphysical

métier (*m*), trade
mettre, to put; **se—à**, to start to
meuble, loose
meubler, to furnish
micacé, micaceous
midi, midday
miette (*f*), crumb
mieux, better
milieu (*m*), middle, medium, environment
mille, thousand
millième (*m*), thousandth
millier (*m*), thousand
mince, thin
mis, *see* **mettre**
mixtion (*f*), mixture
moindre, smaller, less
moins, less; **le—**, the least; **du—**, **au—**, at least; **à—que**, unless
mois (*m*), month
moisissure (*f*), mould
moite, moist
monde (*m*), world; **tout le—**, everyone
montagne (*f*), mountain
monticule (*m*), hillock
montre (*f*), watch
montrer, to show
morceau (*m*), piece
mort, dead; (*f*), death
mot (*m*), word
mouton (*m*), sheep
se mouvoir, to move
moyen (*m*), mean; (*adj*), average; **—âge**, Middle Ages
muet, silent
mugissement (*m*), roaring
munir, provide
mur (*m*), wall
muraille (*f*), wall
museau (*m*), snout

nager, to swim
naissance (*f*), birth
naître, to be born
naufrage (*m*), shipwreck
néanmoins, nevertheless

nécessaire, necessary
neige (*f*), snow
netteté (*f*), sharpness
neuf, new
neutre, neutral
ni...ni, neither...nor
nier, to deny
Nil, Nile
niveau (*m*), level
noir, black
nom (*m*), name
nombre (*m*), number
nombreux, numerous
nommer, to name
notamment, notably
le **nôtre**, ours
nourrice (*f*), nurse
nourricier, nutritious
nourrir, to feed
nourriture (*f*), food
nouveau, new
noyau (*m*), nucleus, core
nu, naked
nuance (*f*), shade
nuit (*f*), night
nul, no
nullement, in no way

obéir, to obey
objet (*m*), object
observateur (*m*), observer
obtenir, to obtain
occuper, to occupy
octaèdre (*m*), octahedron
octogone, octagonal
œil (*m*), eye
œuf (*m*), egg
œuvre (*f*), task
offenser, to offend
offrir, to offer
oiseau (*m*), bird
ombre (*f*), shadow
onde (*f*), wave
onguent (*m*), ointment
onguiculés (*m pl*), unguiculata
opérer, to operate, to effect, to occur

opiner, to express the view
optique (*f*), optics
or, now; (*m*), gold
orage (*m*), storm
ordonnée (*f*), ordinate
ordonner, to order, prescribe
ordre (*m*), order
ordure (*f*), dung
oreille (*f*), ear
originaire, original
orme (*m*), elm
ortie (*f*), nettle
os (*m*), bone
oser, to dare
ôter, to remove
ou, or
où, where; **d'—**, whence
oublier, to forget
ouï-dire, hearsay
ouragan (*m*), hurricane
ourse (*f*), she-bear
outre, in addition to
ouvert, open
ouverture (*f*), opening
ouvrage (*m*), work
ouvrier (*m*), worker
ouvrir, to open
oxydant, oxydising
oxygéné, oxygenated

paillette (*f*), flake
paix (*f*), peace
paléothérium (*m*), palaeotherium
pan (*m*), side
pansement (*m*), bandage
panser, to dress (a wound)
papillon (*m*), butterfly
par, by
paraître, to appear
parce que, because
parcelle (*f*), particle
parcourir, to suvey, to travel
  through
par-dessus, above
pareil, similar, such
parfait, perfect
parfois, sometimes

parler, to speak
parmi, among
paroi (*f*), inner surface, side
partager, to divide
particule (*f*), particle
particulier, personal, special
partie (*f*), part
partiel, partial
partir, to leave; **à—de**, from
partout, everywhere
parvenir, to reach, succeed
pas (*m*), step
passer, to pass; **se—**, to happen
patrie (*f*), fatherland
patronner, to protect
pauvre, poor
peau (*f*), skin
pêcheur (*m*), fisherman
peine (*f*), difficulty
penchant (*m*), slope
pendant, during; **—que**, while
pendre, to hang
pendule (*m*), pendulum
pénétrer, to penetrate
pénible, painful
pensée (*f*), thought
penser, to think
pentagone (*adj*), pentagonal
pente (*f*), slope
pépin (*m*), pip
perdre, to lose
père (*m*), father
perfectionner, perfect
périr, to perish
permettre, to allow
Pérou, Peru
pesant, heavy
pesanteur (*f*), weight, gravity
peser, to weigh
petit, small
peu (*m*), little; **—à—**, little by
  little; **à—près**, approximately
peuple (*m*), people
peuplement (*m*), peopling
peupler, to inhabit
peur (*f*), fear
peut-être, perhaps

phalange (*f*), phalanx
phénomène (*m*), phenomenon
philosophe (*m*), philosopher
phoque (*m*), seal
phosphore (*m*), phosphorous
physicien (*m*), physicist
physique, physical; la—, physics
pied (*m*), foot
pierre (*f*), stone
pilule (*f*), pill, ball
place (*f*), room
plafond (*m*), ceiling
plage (*f*), beach
plaie (*f*), wound
se plaindre, to complain
plaisir (*m*), pleasure
plan (*m*), plane
plancher (*m*), floor
plaque (*f*), plate
plat, flat
plein, full
pleuvoir, to rain
plier, to fold
plomb (*m*), lead; ligne à—,
   plumb-line
pluie (*f*), rain
plupart, most
plus, more; ne—, no more;
   —...—, the more; de—en—,
   increasingly
plusieurs, several
plutôt, sooner
poche (*f*), pocket
poêle (*m*), stove
poids (*m*), weight
poignet (*m*), wrist
poindre, to emerge
poing (*m*), fist
ne ... point, not
pointer, to appear
pointu, pointed
poirier (*m*), pear tree
poisson (*m*), fish
poli (*m*), polish
polir, to polish
polyèdre (*m*), polyhedron
pondre, to lay (eggs)

porphyriser, to grind
porte (*f*), door
porter, to carry, to lead
posséder, to possess
pouce (*m*), inch
poudre (*f*), powder
poule (*f*), hen
poulpe (*m*), octopus
poumon (*m*), lung
pour, for, as
pourquoi, why
poursuivre, to pursue; se—,
   continue
pourtant, however
pourvu que, provided that
pousser, to push, to grow
poussière (*f*), dust
pouvoir, to be able to; (*m*), power
pratique (*f*), practice
se précipiter, to rush
préciser, to specify
préconçue, preconceived
premier, first
prémunir, to forewarn
prendre, to take; s'en—à, to
   blame
près, near
prescrire, to prescribe
presque, almost
presser, to press, to weigh down
pression (*f*), pressure
prêt, ready
prétendre, to claim
prêter, to lend
preuve (*f*), proof
prévenir, to forestall
prévoir, to foresee
prier, to beg, pray
principe (*m*), principle, element
printemps (*m*), spring
pris, taken
privé, deprived
procédé (*m*), process, method
prochain, near
proche, close to
produire, to produce
produit (*m*), product

professeur (*m*), teacher
professorat (*m*), teaching
  profession
profond, deep
profondeur (*f*), depth
prolonger, to lengthen
promesse (*f*), promise
propager, to propagate; **se—**, to
  spread
à propos, to the point
se proposer, to intend
propre, proper; (*preceding*), own;
  (*following*), clean; **—à**, suitable to
propriété (*f*), property
proscrire, to proscribe
provisoire, provisional
publier, to publish, announce
puisque, since, because
puissance (*f*), power
puissant, powerful
puisse, *see* **pouvoir**
punir, to punish

quant à, as for
quart (*m*), quarter
quasi, almost
quatorze, fourteen
quel, what; **—que soit**, whatever
quelconque, some or other
quelque, some
quelquefois, sometimes
quinzaine (*f*), about fifteen
quinze, fifteen
quoique, although
quotidiennement, daily

rabattre, to lessen
radieux, radiant
radifère, radium-bearing
rafraîchir, to cool
raison (*f*), reason
raisonnement (*m*), reasoning
raisonné, descriptive
ramener, to bring back
ramper, to crawl
rang (*m*), rank
rangée (*f*), row

ranger, to sort
rappeler, to remind, to recall
rapport (*m*), ratio, relation
rapporter, to report
rassembler, to gather
rayon (*m*), ray, radius
rayonnement (*m*), radiation
réactif (*m*), reagent
rebuter, to put off
récepteur (*m*), receiver
recevoir, to receive
réchauffer, to warm up
recherche (*f*), research,
  investigation
rechercher, to search
réciproque, reciprocal
recommander, to recommend
reconnaître, to recognise
recourbé, bent
recueil (*m*), compilation
recueillement (*m*), meditation
recueilli, rapt
recueillir, to collect
reculer, to push back
réduire, to reduce
réel, real
réfléchir, to reflect
refroidir, to cool
régénérer, to regenerate
règle (*f*), rule
régler, to regulate
règne (*m*), kingdom
régner, to reign
régulier, regular
rein (*m*), kidney
relâche (*f*), respite
se relever, to rise again
remarquer, to notice, to point
  out
remettre, to put back
remonter, to go back up
remplacer, to replace
remplir, to fill
rencontrer, to meet
rendre, to give back, make;
  —compte, to give an account;
  —raison, to explain

renfermer, to enclose, to comprise
renseigner, to inform
rentrer, to return
renvoyer, to send back, refer
répandre, to spread
reparaître, to reappear
réparer, to repair
répartition (*f*), distribution
répliquer, to reply
répondre, to answer
réponse (*f*), reply
reporter, to carry back
repos (*m*), rest
reposer, to rest
reprendre, to take again
reproduire, to reproduce
résolu, determined
résoudre, to solve
respirer, to breathe
ressentir, to feel
ressort (*m*), spring
ressortir, to come out again
reste (*m*), remainder; **du—**, moreover
rester, to remain
résultat (*m*), result
retirer, to withdraw
retour (*m*), return
retraite (*f*), retreat
retrouver, to find again
réunir, to put together; **se—**, to gather
réussir, to succeed
rêve (*m*), dream
revenir, to return; **—à**, to be due to
rêverie (*f*), imagining
rhomboèdre (*m*), rhombohedron
rien, nothing
rigueur (*f*), strictness
rire, to laugh
rivage (*m*), shore
rivière (*f*), river
robinet (*m*), tap
roi (*m*), king
roman (*m*), novel

rompu, broken
rond, round
ronger, to gnaw
rouge, red; **—vif**, bright red
rougeur (*f*), redness
rouler, to roll
royaume (*m*), kingdom
ruisseau (*m*), stream

sable (*m*), sand
sableux, sandy
sacré, sacred
sage, wise
saisir, to seize, to grasp
saison (*f*), season
salle, (*f*) hall, room
salubre, salubrious
salubrité (*f*), salubriousness
salut (*m*), salvation
sang (*m*), blood
sans, without
santé (*f*), health
satisfaire, to satisfy
sauf, apart from
savant (*m*), scientist
saveur (*f*), taste
savoir, to know, to be able to; **le—**, knowledge; **à—**, namely
scarabée (*m*), scarabeus
sceller, to seal
schéma (*m*), plan
séance (*f*), session
sec, dry
sécheresse (*f*), dryness
secours (*m*), help
secousse (*f*), jolt
sectateur (*m*), disciple
seiche (*f*), cuttle fish
seigneur (*m*), lord
sein (*m*), bosom, heart
sel (*m*), salt
selon, according to
semaine (*f*), week
semblable, similar
sembler, to seem
semence (*f*), seed

sens (*m*), direction, meaning; (*pl*), senses
sensible, sentient, appreciable
sentir, to feel
séparer, to separate
septentrional, northern
se servir de, to use
seul, only, alone
si, so, if
siècle (*m*), century
siège (*m*), site
le sien, his
signifier, to mean
sillon (*m*), furrow
singulier, singular
sinon, except
situer, to situate
soi, itself; — -**même**, oneself
soie (*f*), silk
soigner, to take care
soin (*m*), care
soir (*m*), evening
soit ... soit ..., either ... or ...; *see also* **être**
sol (*m*), ground
solaire, solar
soldat (*m*), soldier
soleil (*m*), sun
sombre, dark
sommaire, summary
sommet (*m*), summit
songer, to think
sorcier (*f*), sorcerer
sorte (*f*), type, manner; **en—que**, so that
sortir, to emerge
soudainement, suddenly
souffler, to blow
souffrir, suffer, permit
soufre (*m*), sulphur
soulagement (*m*), relief
soumettre, to submit, to subject
sourd, dull
sous, under
soutenir, to uphold
souvent, often
spath (*m*), spar

sphérique, spherical
sphéroïdique, spheroidal
spontané, spontaneous
squelette (*m*), skeleton
statistique (*f*), statistics
subir, to undergo
subit, sudden
subsister, to subsist, survive
suc (*m*), sap
succéder, to succeed
sucre (*m*), sugar
Suède (*f*), Sweden
suffire, to suffice
suffisant, sufficient
suggérer, to suggest
suite (*f*), train; **par la—**, later; **par—de**, as a result of
suivant, following; **—que**, according, as
suivre, to follow
sujet (*m*), subject
sulfure (*m*), sulphide
sulhydrique, sulphuretted
superficie (*f*), surface
suppléer, to supplement
supprimer, to suppress
surgir, to rise up
surprendre, to surprise, to catch
surtout, above all
surveiller, to supervise
survenir, to occur
susceptible, capable (of)
susdit, above-mentioned
synthèse (*f*), synthesis

tableau (*m*), picture
tâche (*f*), task
tacher, to stain
tâcher, to endeavour
se taire, to be silent
tamiser, to filter
tandis que, while, whereas
tant, so much
tantôt, sometimes
tard, late
tarder. to delay
teinte (*f*), shade

tel(le), such

tempête (*f*), storm

temps (*m*), time

tendre, to tend

ténèbres (*f pl*), darkness

tenir, to hold, retain; —à, to depend on; se—, to remain

tentative (*f*), attempt

tenter, to attempt

tenu, required

térébratule (*m*), terebratulacea

terminer, to end

terrain (*m*), ground

terre (*f*), earth, soil

terrestre, terrestrial

terreux, earthy

terrier (*m*), burrow

tête (*f*), head

théorique, theoretical

tirer, to draw

titre (*m*), title

tomber, to fall

tôt, soon; —ou tard, sooner or later

toujours, always

tour (*f*), tower; (*m*), turn

tourner, to turn

tournoyer, to whirl

tout, all, everything; le—, the whole; —à fait, altogether

toutefois, however

trahir, to betray

trait (*m*), shaft

traité (*m*), treatise

traiter, to treat

trajet (*m*), course

tranche (*f*), slice

transmettre, to transmit

travail (*m*), work

à travers, through

traverser, to cross

tremblement (*m*), shake

tremper, to soak

trentaine (*f*), about thirty

trompe (*f*), tube

tromper, to mislead; se—, to be in error

trompeur, misleading

tronc (*m*), trunk

trop, too (much)

trou (*m*), hole

trouble (*m*), indecision

troubler, to disturb

trouver, to find; se—, to be

tuyau (*m*), tube

tympan (*m*), drum

ubiquiste, ubiquitous

ultime, ultimate

uni, level, united

unir, to unite

usuel, common

utile, useful

vaisseau (*m*), vessel

valable, valid

valeur (*f*), value

valoir, to be worth

se vanter, to boast

vapeur (*f*), vapour

varié, varied

varier, to vary

vécu, *see* vivre

végetal, vegetable

végéter, to vegetate

veille (*f*), day before

venin (*m*), venom

venir, to come; —de, to have just

vent (*m*), wind

ventre (*m*), stomach

vérifier, to verify

véritablement, truly

vérité (*f*), truth; à la—, in truth

verre (*m*), glass

vers, towards

vert, green

vertu (*f*), virtue

vessie (*f*), bladder

victoire (*f*), victory

vide (*m*), vacuum, void

vie (*f*), life

vieillir, to age

vierge, virgin

vif-argent (*m*), quicksilver
vin (*m*), wine
vingt, twenty
vingtième, twentieth
vîtes, *see* **voir**
vitesse (*f*), speed
vivant, alive
vivement, quickly
vivre, to live; (*m*), living
voici, here is (are)
voie (*f*), road
voir, to see
voisin, neighbouring
voisinage (*m*), neighbourhood
volcan (*m*), volcano

voler, to fly
volonté (*f*), will
volontiers, willingly
votre, your
vouloir, to wish
voûte (*f*), vault
vrai, true
vraisemblable, credible, likely
vraisemblance, credibility
vu que, seeing
vue (*f*), view, sight

y, there, therein
yeux, *pl of* **œil**